ÉLECTIONS DE 1869

LA RÉVOLUTION

PAR LE

SUFFRAGE UNIVERSEL

ÉLECTIONS DE 1869

LA RÉVOLUTION

PAR LE

SUFFRAGE UNIVERSEL

PAR

ALPH. LECANU

> Il n'y aurait pas de limites à la puissance du despote, s'il n'avait besoin de l'argent de ses sujets.
>
> (L'Auteur.)

PARIS

ARMAND LE CHEVALIER, ÉDITEUR

61, RUE DE RICHELIEU, 61

1869

AVANT-PROPOS.

———

Citoyens électeurs,

Vous allez être appelés à voter dans les élections des députés au Corps législatif. — Vous allez avoir à nommer ceux à qui vous voulez confier la confection des lois, c'est-à-dire ceux qui, dans leur puissance législative, disposent de vos biens, de vos familles, de vos vies et de votre liberté.

Ils disposent de vos biens en votant l'impôt actuel et les emprunts qui engagent l'impôt de l'avenir ; ils en disposent parce qu'ils ont pouvoir de modifier et de réformer les lois qui

touchent à la propriété, parce qu'il leur appartient de décider sur les travaux publics, sur
les questions de chemins de fer et de chemins
vicinaux, parce qu'ils sont maîtres de prononcer sur des réformes judiciaires. — Ils disposent de vos familles et de vos vies dans les
lois qui déterminent le contingent militaire et
les charges du service militaire, ainsi que sa
durée. — Enfin ils disposent de votre liberté
dans les lois pénales et dans toutes les lois qui
touchent à l'ordre public, au droit de penser,
d'écrire, de s'associer ou de se réunir.

Ce sont donc vos propres destinées que vous
allez confier pour *six ans* à des hommes qu'il
dépend de vous de choisir, et par conséquent
de votre choix vont dépendre vos destinées.

Ai-je besoin de vous dire combien il importe
que chacun de vous use de son droit de vote
et remplisse sévèrement son devoir d'électeur?
C'est comme si je disais au laboureur de semer
le blé en sa saison.

Sachez-le bien, il n'y a que deux manières
d'être pour un peuple : ou il se gouverne, ou
bien il est gouverné. — Quelle que soit la forme

du gouvernement, qu'il s'appelle république ou démocratie, aristocratie ou monarchie constitutionnelle, un peuple se gouverne toujours par cela seul qu'il prend part aux affaires publiques, par cela seul que *la loi à laquelle il obéit émane de lui.* Mais quand un peuple, désertant son devoir, abandonne peu à peu ses droits et les laisse à la merci d'un seul homme, à la merci du pouvoir, si libres qu'aient été les institutions à leur origine, ce peuple tombe dans le *despotisme,* il tombe sous la domination du *maître.*

Or, aujourd'hui, il ne doit plus y avoir de maître dictant des lois en vertu de son bon plaisir ou de son droit divin; il ne doit plus y avoir de maître prélevant l'impôt où il lui plaît et menant ses peuples en ses guerres, les menant à la boucherie selon son caprice. Il n'y a plus qu'une seule autorité devant laquelle on doive s'incliner, c'est la *Loi,* dont relèvent au même degré les peuples et ceux qui les gouvernent.

Concourir à la confection des lois ou par soi-même ou par les représentants à qui on a donné mandat, c'est donc faire acte de souveraineté.

Mais, pour que la *Loi* soit juste, il faut qu'elle sanctionne les droits de l'homme ; il faut qu'elle réponde aux besoins directs, aux intérêts et aux aspirations du pays. — Il faut donc que l'électeur connaisse la nature de ces droits, qu'il connaisse ces mêmes besoins, ces mêmes aspirations, ces mêmes intérêts, et qu'il les veuille faire triompher ; il faut surtout qu'il sache jusqu'où peut aller la puissance de son vote.

Ces diverses notions, qui doivent être communes à tous les citoyens, nous avons voulu les grouper ici, afin que les forts y trouvassent la raison de leur persévérance, et que les faibles y sentissent un point d'appui qui ne laisse plus de prétexte *à l'indifférence et aux lâchetés politiques*.

CHAPITRE I.

Les droits de l'homme.

CHAPITRE I.

Des droits de l'homme.

Vous avez tous entendu parler des fameux principes de 89, sous l'invocation desquels s'est placé le coup d'État du 2 décembre 1851, et se place encore aujourd'hui l'Empire de Napoléon III. Mais savez-vous quels sont ces principes? Savez-vous tout ce qu'il a fallu de temps pour les faire reconnaître, et tout ce qu'ils ont coûté? Savez-vous ce qu'il vous en reste?

Laissez-moi vous le dire ; c'est de l'histoire, et c'est la nôtre.

Ce que signifient les principes de 89, un exemple va vous le faire comprendre.

Depuis six ans le budget des dépenses de l'Empire, sous le règne de Napoléon III, s'élève, en moyenne, à la somme de 2 milliards 227 millions par an. Eh bien, qui est-ce qui paye ces 2 milliards 227 milllions ?

C'est le peuple, c'est vous.

Par conséquent, qui est-ce qui paye les 645 millions par an du budget de la guerre et de la marine ?

C'est le peuple, c'est vous.

Qui est-ce qui paye les 163 millions du budget des travaux publics ?

C'est vous.

Qui est-ce qui paye les 70 millions du budget de l'intérieur et du ministre d'État ?

C'est vous.

Qui est-ce qui paye les 25 millions et demi du ministère de l'instruction publique ?

C'est vous.

Qui est-ce qui paye les 77 millions et demi du ministère de la justice et des cultes?

C'est vous.

Qui est-ce qui paye les 13 millions du ministère des affaires étrangères?

C'est vous.

Qui est-ce qui paye enfin les 49 millions par an de dotation (liste civile, apanages, etc.)?

C'est vous.

Qui est-ce qui paye les 660 millions de la dette publique?

C'est vous.

Par conséquent encore :

Qui est-ce qui paye les entreprises des travaux publics?

C'est vous.

Qui est-ce qui paye l'instruction publique?

C'est vous.

Qui est-ce qui paye les appointements des

prêtres, des évêques, du clergé en un mot?

C'est vous.

Qui est-ce qui paye les préfets, les sous-préfets, les percepteurs, les gardes champêtres, les gendarmes? qui est-ce qui paye la police?

C'est vous.

Qui est-ce qui paye les magistrats, conseillers, juges, présidents, juges de paix, etc.?

Vous.

Qui est-ce qui paye les ministres?
Vous.

Les ambassadeurs?
Vous.

Les dotations des sénateurs et des députés?
Vous.

Les 25 millions de la liste civile de l'Empereur?
Vous.

En un mot, l'État n'a d'autre argent que

celui qu'il vous demande et que vous lui payez en vertu de la loi du budget, au moyen des impôts de toutes sortes, directs ou indirects, auxquels nul de vous ne peut se soustraire.

Or, si c'est le peuple qui paye l'administration de la guerre, l'administration de la police intérieure et celle des relations étrangères, l'administration de l'instruction publique, l'administration de la justice et des cultes, l'administration des travaux publics, l'administration des domaines et des contributions et celle du ministère d'État,

Le peuple a le droit d'exiger que la guerre, la police, les affaires étrangères, l'instruction publique, la justice, les cultes, les travaux publics, les domaines, les contributions et, pour tout dire, les affaires publiques soient administrées conformément à sa volonté, conformément à ses besoins, à ses intérêts, conformément aux intérêts, aux aspirations, à la grandeur du pays.

Non-seulement il en a le DROIT, mais il faut qu'il ait le POUVOIR d'exercer ce droit.

Non-seulement il faut qu'il en ait le POUVOIR, mais il faut qu'il en ait le DEVOIR.

Voilà tout ce que renferment et ce que veulent dire les principes de 89.

Pour arriver à proclamer ce *Droit du peuple*, il n'a pas fallu moins qu'une révolution, la grande Révolution de 1789.

Et comme ce droit avait été l'objet d'une lutte de huit siècles entre les peuples et la noblesse, entre les sujets et les rois; comme il résumait l'expression des griefs, des besoins et des vœux de la nation solennellement manifestés dans les cahiers des États généraux, à la fin du siècle dernier, nos pères ont voulu que les principes en fussent inscrits dans une déclaration formelle; ils ont voulu qu'ils restassent à jamais devant nos yeux, pour être le point fixe en deçà ou au delà duquel nous pourrions connaître la mesure de notre liberté ou de notre servitude.

Écoutez donc ce que dit la *Déclaration des droits de l'homme et du citoyen* :

Décret de l'Assemblée nationale
du 3 septembre 1791.

« Les représentants du peuple français, constitués en Assemblée nationale, considérant que l'ignorance, l'oubli ou le mépris des droits de l'homme sont les seules causes des malheurs publics et de la corruption des gouvernements, ont résolu d'exposer, dans une déclaration solennelle, les droits naturels, inaliénables et sacrés de l'homme, afin que cette déclaration, constamment présente à tous les membres du corps social, leur rappelle sans cesse leurs droits et leurs devoirs.... En conséquence, l'Assemblée reconnaît et déclare les droits suivants de l'homme et du citoyen :

« Art. 1er. Les hommes naissent et demeurent libres et égaux en droits. Les distinctions sociales ne peuvent être fondées que sur l'utilité commune.

« Art. 2. Le but de toute société est la conservation des droits naturels et imprescriptibles de l'homme. Ces droits sont la liberté, la propriété, la sûreté et la résistance à l'oppression.

« Art. 3. Le principe de toute souveraineté réside essentiellement dans la nation. Nul corps, nul individu ne peut exercer d'autorité qui n'en émane expressément.

« Art. 4. La liberté consiste à pouvoir faire tout ce qui ne nuit pas à autrui : ainsi l'exercice des droits naturels de chaque homme n'a d'autres bornes que celles qui assurent aux autres membres de la société la jouissance de ces mêmes droits. — Ces bornes ne peuvent être déterminées que par la loi.

« Art. 5. La loi n'a le droit de défendre que les actions nuisibles à la société. Tout ce qui n'est pas défendu par la loi ne peut être empêché, et nul ne peut être contraint de faire ce qu'elle n'ordonne pas.

« Art. 6. La loi est l'expression de la volonté générale. Tous les citoyens ont le droit de concourir personnellement ou par leurs représentants à sa formation. — Elle doit être la même pour tous, soit qu'elle protége, soit qu'elle punisse. Tous les citoyens, étant égaux entre eux, sont également admissibles à toutes dignités, places et emplois publics, sans autre distinction que celle de leurs vertus, de leurs talents et de leurs capacités.

« Art. 7. Nul homme ne peut être accusé, arrêté ni détenu que dans le cas déterminé par la loi, et selon les formes prescrites par elle. — Ceux qui sollicitent, expédient, exécutent ou font exécuter des ordres arbitraires doivent être punis; mais tout citoyen appelé ou saisi en vertu de la loi doit obéir à l'instant; il se rend coupable par la résistance.

« Art. 8. La loi ne doit établir que des peines strictement et évidemment nécessaires, et nul ne peut être puni qu'en vertu d'une loi établie et promulguée antérieurement au délit et légalement appliquée.

« Art. 9. Tout homme étant présumé innocent jusqu'à ce qu'il ait été déclaré coupable, s'il est jugé indispensable de l'arrêter, toute rigueur qui ne serait pas strictement nécessaire pour s'assurer de sa personne doit être sévèrement réprimée par la loi.

« Art. 10. Nul ne doit être inquiété pour ses opinions, même religieuses, pourvu que leur manifestation ne trouble pas l'ordre établi par la loi.

« Art. 11 La libre communication des pensées et des opinions est un des droit les plus précieux de l'homme ; tout citoyen peut donc parler, écrire, imprimer librement, sauf à répondre de l'abus de cette liberté dans les cas déterminés par la loi.

« Art. 12. La garantie des droits de l'homme et du citoyen nécessite une force publique ; cette force est donc instituée pour l'avantage de tous, et non pour l'utilité particulière de ceux auxquels elle est confiée.

« Art. 13. Pour l'entretien de la force publique et pour les dépenses d'administration, une contribution commune est indispensable : elle doit être également répartie entre tous les citoyens en raison de leurs facultés.

« Art. 14. *Tous les citoyens ont le droit de constater par eux-mêmes ou par leurs représentants la nécessité de la contribution publique, de la consentir librement, d'en suivre l'emploi et d'en déterminer la quotité, l'assiette, le recouvrement et la durée.*

« Art. 15. La société a le droit de demander compte à tout agent public de son administration.

« Art. 16. Toute société dans laquelle la garantie des droits n'est pas assurée, ni la séparation des pouvoirs déterminée, n'a pas de constitution.

« Art. 17. La propriété étant un droit inviolable et sacré, nul ne peut en être privé, si ce n'est lorsque la nécessité publique, légalement constatée, l'exige évidemment et sous la condition d'une juste et préalable indemnité.

Les droits de l'homme une fois proclamés, il fallait organiser le régime politique destiné à assurer l'exercice et la pratique de ces droits, et donner au peuple le pouvoir de les exercer.

Les principes sur lesquels fut basé ce régime politique sont ce que l'on appelle les *principes de 89.*

Ils consistent en ce que nul pouvoir, nulle autorité, ne puissent s'exercer *qu'au nom de la loi,* et en ce que, désormais, aucune loi ne puisse être dictée que par la volonté du peuple.

Ils consistent surtout dans une division des pouvoirs établie de telle sorte que le peuple soit toujours maître de faire prévaloir sa volonté dans les actes du gouvernement.

Voici comment se formule cette organisation :

1° POUVOIR LÉGISLATIF : *Il n'y a qu'une auto-*

rité, la Loi. — La loi ne peut être votée que par un corps de représentants élus par tous les citoyens. — Au pouvoir législatif seul il appartient de fixer les dépenses publiques, d'établir les impôts et de décider LA GUERRE.

2° POUVOIR EXÉCUTIF : Le chef de l'État n'est que l'exécuteur des lois votées par le pouvoir législatif.

« *Il n'y a point en France d'autorité supérieure à celle de la Loi. Le Roi ne règne que par elle, et ce n'est qu'au nom de la loi qu'il peut exiger l'obéissance* (art. 3, Constitution).

Le chef de l'État ne peut faire la guerre sans le consentement du peuple.

« *La guerre*, dit encore la Constitution, *ne peut être décidée que par un décret du Corps législatif, rendu sur la proposition formelle et nécessaire du Roi* (chap. III, sections Ire et 2e).

3° LE POUVOIR JUDICIAIRE : Ce pouvoir ne doit être sous la dépendance du chef de l'État, ni quant à la nomination des magistrats, ni quant à l'avancement; il ne doit relever que de l'élection du peuple.

« *Le corps judiciaire ne peut en aucun cas être exercé par le Corps législatif, ni par le Roi.* — *La justice sera rendue gratuitement par des juges élus à temps par le peuple et institués par lettres patentes du roi, qui ne pourra les refuser* (art. 1 et 2).

Ainsi se trouvait réalisée cette séparation des pouvoirs qui, selon les principes de 89, était indispensable pour sauvegarder les *droits de l'homme*, et qui garantissait les libertés en faisant remonter au peuple :

1° Le droit de voter les lois et l'impôt;

2° Le droit de guerre;

3° Le droit de nommer les magistrats de l'ordre judiciaire.

Le 14 septembre 1791, un roi, le roi Louis XVI, promulguait la constitution fondée sur ces principes, et ainsi abdiquait l'autorité absolue que des usurpations successives avaient mise aux mains de ses aïeux.

Vous le voyez, ces fameux principes de 89 se résument dans un seul mot : *la Révolution.*

La Révolution! parce qu'au gouvernement d'un roi absolu ils ont substitué le gouvernement par la nation, et qu'à une autorité de droit divin ils ont substitué l'autorité de la loi ; — parce qu'à des distinctions de droits, de castes et de priviléges, qui favorisaient la noblesse et le clergé aux dépens du peuple, ils ont substitué l'égalité des droits civils, l'égalité des droits politiques, l'égalité devant la loi pénale ; — parce qu'à la concentration des pouvoirs dans une seule main souveraine ils ont substitué la séparation des pouvoirs émanant tous de la volonté du peuple.

Encore une fois, ils se résument dans ce mot, *Révolution*, parce que, ne laissant rien subsister d'un passé monarchique et féodal, ils condamnaient la nation à vivre désormais dans la liberté en se gouvernant elle-même, ou à périr dans la honte avec le despotisme, le jour où elle se laisserait gouverner par la volonté d'un homme.

Voilà les grandes conquêtes que nous avaient léguées nos pères à la fin du siècle dernier : proclamer la liberté en France, proclamer la fraternité des hommes et des peuples, fonder des institutions, non plus sur les abus de la force, mais sur la force de la loi, tel était le bienfait qu'ils apportaient au monde à cette époque ; et les épreuves que la France allait subir n'étaient plus que les convulsions de l'enfantement de ce progrès nouveau. — L'histoire va nous le montrer.

CHAPITRE II.

Histoire des droits de l'homme de 1789 à 1851.

CHAPITRE II.

Histoire des droits de l'homme, de 1789 au 2 décembre 1851.

A partir de ce moment, la lutte s'engage entre la force de ces principes et la force des traditions et des préjugés du passé,

Entre la France et l'Europe coalisée,

Entre les droits du peuple et les prétentions du pouvoir.

D'un côté, les souverains vont tendre à reconquérir une libre autorité sur la nation, et de l'autre la nation va vouloir maintenir ses libertés contre les envahissements du pouvoir.

Et vous verrez ce grand enseignement de l'histoire, qui nous fait assister à l'inévitable chute de tous les souverains qui ont voulu arrêter ou comprimer l'élan légitime de notre révolution.

§ Ier.

De 1789 au 18 brumaire.

Vous savez tous comment le roi Louis XVI, par faiblesse à la fois et par ses résistances au mouvement de la révolution, précipita la déchéance de la royauté et amena l'avénement de la République de 1792.

La République ne faillit pas à son devoir, à sa mission ; elle arbora résolûment les principes de 89, qu'elle inscrivit sur son drapeau en ces mots : *Liberté, Égalité, Fraternité ;* — elle dicta les formules de droit qui en découlaient et les promulgua dans ses lois et dans ses institutions, de telle sorte que ces droits ne devaient plus être déniés par le despotisme lui-même.

C'est aux hommes de la Constituante et de la Convention que nous devons l'égalité et l'u—

2.

nité de droit civil qui, de nos jours, sont encore consacrées dans nos Codes, ainsi que l'égalité dans la répartition des charges publiques et devant la protection de la loi.

Mais, assaillie bientôt par l'invasion étrangère et par la guerre civile tout ensemble, obligée de faire face aux plus grands dangers qui jamais eussent menacé une nation, la Convention, héroïque dans sa résistance contre l'ennemi, fut impuissante à organiser la liberté politique et ne parvint qu'à établir une concentration violente de tous les pouvoirs. — Elle avait gouverné pour le peuple et sans le concours du peuple ; elle avait eu recours à toutes les ressources de la force, et le régime de la force prépara les voies à la dictature militaire.

La République, renversée par l'attentat du 18 brumaire, fit place au gouvernement du général Bonaparte. — C'était le niveau du despotisme après le niveau de la terreur.

§ II.

L'Empire.

Au moment où Bonaparte se fait nommer consul à vie, et quand plus tard il se fait élire empereur sous le nom de Napoléon Ier, le peuple est consulté à l'origine du pouvoir ; — mais le pouvoir une fois établi, la nation n'est plus qu'une esclave docile entre les mains d'un chef militaire, qui n'obéit qu'aux lois de son ambition et aux caprices de sa volonté souveraine.

Pendant quatorze ans, c'est Napoléon qui décrète l'impôt, qui décrète la guerre, qui décrète les contingents de l'armée, les levées d'hommes. Il supprime la liberté de la presse ;

il supprime et punit toute discussion de ses actes, toute manifestation de la pensée contraire à ses vues; il subordonne tout à l'arbitraire de ses ordres, et la France marche aveuglément après lui.

Jamais despotisme plus absolu ne fut en des mains plus puissantes. Apprenez cependant ce qu'il en advint.

Napoléon avait trouvé la France toute en armes, encore soulevée par dix années d'une défense héroïque et désespérée ; le soldat corse en fit l'instrument de ses guerres de conquête et des convoitises de son ambition personnelle; puis, après avoir couvert l'Europe de ses champs de bataille, après avoir épuisé jusqu'au dernier homme, il laissa la France amoindrie, et (ce qui ne s'était jamais vu dans notre histoire), deux fois déshonorée par l'invasion victorieuse.

Ainsi les hommes de la République avaient sauvé le territoire, ils avaient repoussé l'invasion, ils avaient agrandi nos frontières ; et celui que l'on a appelé l'homme de gloire laissait les frontières mutilées et la nation vaincue.

On peut consulter encore les souvenirs de ce temps où il ne restait plus dans les campagnes que des vieillards et des infirmes, où toutes les forces vives étaient absorbées dans les guerres, où les mères pleuraient, où les bras manquaient à l'agriculture, les maris aux filles, si bien qu'il y eut comme une révolte de la nature et que la chute de l'empereur fut une véritable délivrance.

Voilà où devait aboutir tant de puissance laissée à un seul homme, et de quel prix un grand peuple devait payer l'abdication de ses droits.

Entraînée dans ces grandes luttes où l'essor de la gloire lui faisait oublier l'essor de la liberté, la nation française n'avait pu encore être maîtresse d'elle-même. Elle commença seulement à le devenir lorsque, dégoûtée du sang versé, envahie par l'étranger, fière encore et terrible plutôt qu'humiliée dans sa défaite, elle accepta sous le nom de Restauration le gouvernement du roi Louis XVIII. Mais elle ne l'accepta que sous des conditions qui répondaient aux principes de 89. — Elle exigea la séparation des pouvoirs, le vote de l'impôt et des lois par une chambre élue ; en un mot, ce qu'on a appelé le régime parlementaire fut stipulé entre le peuple et le roi par un contrat solennel, la Charte de 1814.

§ III.

La Restauration.

Dans ce pacte (la Charte de 1814), la nation avait traité d'égal à égal avec le souverain. Par là, elle proclamait son droit imprescriptible ; et alors même qu'aux termes de ce pacte une partie seulement des citoyens était désignée pour remplir les fonctions d'électeurs, on ne peut nier que la France ne fût maîtresse de se gouverner elle-même. Désormais les actes du pouvoir devaient être contrôlés par une chambre de députés et discutés par une presse libre ; les impôts et les charges militaires n'étaient plus livrés à l'arbitraire d'un chef, et le roi lui-même, soumis à l'autorité commune, n'était plus que l'exécuteur de la loi.

Il y eut ainsi quinze années de paix et de vie parlementaire.

Pour la première fois après vingt-cinq ans de discordes et de guerre, la France allait se reposer dans une paix profonde ; pour la première fois elle pouvait penser, se rendre compte et chercher sa voie dans les conquêtes de la civilisation.

Or, tel est le bienfait de la liberté, et telle est l'influence de la vie publique, même dans une mesure politique restreinte par le cens électoral, que bientôt l'activité et la richesse industrielles se développèrent avec une force et une sécurité inconnues jusqu'alors. La richesse publique s'accrut aussi, et avec elle la confiance. Et en même temps les esprits s'éclairaient, s'agitaient, s'élevaient peu à peu à ce point que, le jour où le roi Charles X osa tenter de briser le pouvoir des chambres pour rétablir des lois féodales et l'arbitraire de l'autorité royale, l'indignation se ressentit dans le pays entier ; et le trône dut s'écrouler après un combat qui, eût-il été plus long et plus funeste, n'aurait pas paru faire payer trop cher le maintien de nos libertés.

Vous avez reconnu les journées de juillet 1830. La grandeur de cette révolution apparaît en cela que l'on vit l'attaque venir d'un roi qui se mettait en révolte ouverte contre la constitution de son pays, contre la Charte de 1814, et qu'à ce moment il y eut une génération de citoyens assez éclairés, assez libres et assez énergiques pour ne supporter pas la moindre atteinte à leurs droits, assez courageux pour les défendre au péril de leur vie.

Mais la gloire de la Restauration sera toujours d'avoir produit de tels hommes, dignes fils des hommes de 1789.

§ IV.

Le Gouvernement de Juillet.

L'obstacle une fois renversé, la liberté continue son essor.

La nation, d'ailleurs, était prête : comme la pensée doit précéder l'œuvre, elle se mit à penser. Ce qu'il y eut alors d'émulation et d'ardeur, d'enthousiasme et d'emportement pour les œuvres de l'intelligence n'a rien de comparable de nos jours et restera comme un éblouissement pour ceux qui y ont pris part. Grâce à ce mouvement, la France produisit rapidement tout ce qui était en elle ; et l'on vit un instant où il n'y eut pas une force inutile ou perdue, si bien que ce fut le règne même de la pensée.

Au point de vue des libertés politiques, les

conditions avaient été débattues et réglées avec le nouveau roi par la Charte de 1830. — Le premier pas avait été fait dans la voie d'une réforme électorale, par l'abaissement du cens des électeurs et du cens d'éligibilité. Un plus grand nombre de citoyens était ainsi appelé à participer à la vie politique ; déjà il était visible que là se trouvait la question d'avenir, et que le droit d'élection devait être étendu peu à peu jusqu'à ce qu'il arrivât à embrasser tous les citoyens du pays (1). — Il suffisait que le pouvoir le comprît et dirigeât sa politique dans le sens d'un progrès que lui-même il consacrait dès son origine ; mais il n'en fut pas ainsi.

Lorsque après un règne de dix-huit ans cette question vint à se poser devant le monarque vieilli et devant des ministres obstinément inflexibles, on vit, en face d'un peuple qui réclamait des réformes électorales, on vit un roi incertain et flottant, ballotté par ses scrupules, également incapable de consentir les réformes qu'on lui demandait ou de défendre ce qu'il

(1) On sait comment, en Angleterre, un gouvernement intelligent a pris l'initiative de ces réformes successives.

considérait comme son droit et sa prérogative.
—Le roi partit et une nouvelle révolution s'accomplit sans lutte de part ni d'autre.

Le Gouvernement provisoire du 24 février 1848 proclama la République avec le suffrage universel, comme dernier mot de nos révolutions.

On était revenu au point de départ de notre liberté.

*
* *

Il faut s'arrêter devant cette époque.

Il n'est personne aujourd'hui qui ne reconnaisse ce qu'il y eut de véritable grandeur dans ce que l'on appelle la période parlementaire. Des lois sagement et mûrement élaborées, les questions politiques traitées avec un savoir réel par des hommes d'État sérieux et éclairées par les luttes de l'opinion publique, le respect de cette opinion et son influence générale sur la tenue et sur la conscience même des fonctionnaires à tous les degrés, — de la part du pouvoir un grand respect de la dignité individuelle et des droits privés, l'honnêteté en un

mot, et, pour tout dire, de la liberté, sinon
toute la liberté. — Pendant ce temps, sous
l'effort d'une activité commune, était apparue
dans les arts, dans les lettres, dans les sciences,
une vigoureuse génération d'hommes assez il-
lustres pour suffire à la gloire d'un siècle. —
On sentait que la France, à peine échappée à
ces deux despotismes sanglants de la Terreur
et du premier Empire, avait repris bien vite sa
marche civilisatrice dans les sphères intellec-
tuelles, où sa destinée l'appelait visiblement à
tenir le sceptre du monde, comme elle l'avait
tenu dans les deux siècles précédents. — Elle
avait donné ses historiens, ses philosophes, ses
poëtes, ses orateurs, aussi grands qu'en aucun
autre temps, et dont le renom nous protége
encore contre le discrédit mérité de nos jours ;
elle avait eu ses savants, que lui enviaient les
autres nations; elle avait vu se former dans
tous les genres un groupe d'artistes qui devait
faire de notre pays le souverain arbitre dans les
arts de la civilisation ; enfin, chose remarquable, elle avait vu se former une armée dans laquelle, sous une admirable discipline, le soldat

gardait le cœur d'un citoyen ; si bien que beaucoup de ses chefs, comme les capitaines de l'ancienne Rome, avaient en eux la science de l'homme d'État en même temps que la science de l'homme de guerre. Et plus tard le nouvel Empire devait choisir ses meilleurs généraux parmi ceux qui ne pouvaient pas se considérer eux-mêmes comme les premiers de cette grande école.

Il serait difficile de dire jusqu'à quel point le pays avait notion de cette grandeur, parce que les peuples reçoivent le bien et ne comptent que le mal ; mais on peut affirmer qu'en dehors des calculs obscurs de quelques ambitions funestes, personne ne souhaitait la chute du régime parlementaire, de telle sorte qu'il n'était possible ni de la pressentir, ni de se prémunir contre elle.

Cependant la chute fut tellement soudaine à la fois et définitive, qu'à moins de ne l'attribuer qu'à des circonstances purement fortuites, il faut bien reconnaître qu'elle devait avoir des causes latentes et profondes.

Or ce qu'il y eut de plus frappant dans le

caractère de la révolution de février fut que, pour ne l'avoir pas voulue, cependant on ne protesta pas contre elle et l'on en accepta immédiatement les suites. Il semblait qu'une logique invincible emportât la nation à son insu, et la jetât malgré elle dans une voie plus large que celle qu'elle venait de parcourir : à quoi cela tenait-il ? — Nous allons le montrer en résumant ce chapitre.

*
* *

On voit qu'à partir de 1789, tous les gouvernements qui ont passé tour à tour ont eu à compter avec la raison même de leur origine, c'est-à-dire avec la grande Révolution du siècle dernier. La liberté, une fois apparue, devait être pour eux une question de vie ou de mort, selon qu'ils la serviraient ou lui résisteraient. — A chacun d'eux incombait le devoir d'organiser la liberté politique en France ; et, jusqu'à ce qu'ils y fussent parvenus, leur condition devait rester incertaine et précaire, parce que, subordonnés à ce devoir, les souverains étaient destinés, non plus à commander, mais à obéir.

C'est ainsi que chaque forme nouvelle de gouvernement ne fut qu'une tentative succédant à une autre tentative, un expédient mis à la place d'un autre expédient ; et, sans compter les fautes commises, on peut affirmer qu'aucun de ces gouvernements, alors même qu'il était établi de bonne foi, n'était entièrement compatible avec la liberté.

Parmi les gouvernants, les uns ont succombé pour avoir usé de violence, les autres pour s'être montrés timides, vacillants et sans foi dans le progrès qui les avait amenés et qui marchait devant eux. — Navigateurs perdus sur une mer inexplorée, tous ont été pris d'effroi ; ils se sont roidis ; ils sont allés chercher un refuge vers les écueils du rivage, où le moindre flot suffit à briser les plus robustes, et tous ont péri, parce qu'ils n'ont pas vu que le salut était vers la pleine mer, et que là où elles ne rencontrent plus d'obstacles, les tempêtes elles-mêmes retombent impuissantes.

Le salut de la France ne pouvait plus être que dans la libre pratique des principes de 89.

§ V.

La République de 1848.

Ce sera l'honneur du Gouvernement provisoire d'avoir voulu rétablir ces principes dans leur plus large acception en proclamant le suffrage universel et la République.

L'Assemblée constituante, qui lui succéda, adopta comme forme politique de gouvernement :

1° Une seule assemblée élue par le suffrage universel;

2° Un président élu pour quatre ans par le suffrage universel.

Telle était la constitution qui convoquait les citoyens à participer incessamment au sort de la chose publique, à étudier et à se rendre compte de leurs intérêts et des intérêts généraux du pays, à réformer des lois, à juger les actes du gouvernement et à les diriger par le choix de ses représentants et par le choix d'un président renouvelé tous les quatre ans.

Telle était l'organisation au moyen de laquelle le pays aurait pu se gouverner lui-même et se garantir contre les tendances despotiques d'un homme ou d'une dynastie.

Le coup d'État du 2 décembre a supprimé la République.

L'Empire a confirmé le coup d'État.

Et le peuple a sanctionné le coup d'État et l'Empire de Napoléon III.

Aujourd'hui, il vous reste le suffrage universel, il vous reste votre droit d'électeur, qui ne s'exerce que tous les six ans.

Mais ce droit est TOUT SI VOUS SAVEZ, SI VOUS VOULEZ, SI VOUS OSEZ VOUS EN SERVIR EN HOMMES LIBRES.

CHAPITRE III.

Le suffrage universel.

CHAPITRE III.

Le suffrage universel.

« Sont électeurs sans condition de cens : tous les Français âgés de vingt et un ans accomplis jouissant de leurs droits civils et politiques. » (Art. 12, décret du 2 février 1852.)

« Sont éligibles sans condition de domicile tous les électeurs âgés de vingt et un ans. »

CONSTITUTION DE 1852 :

Art. 36. — « Les députés sont élus par le suffrage universel sans scrutin de liste. »

Art. 38. — Ils sont nommés pour six ans.

Art. 39. — « *Le Corps législatif discute et vote les projets de loi et l'impôt.* »

Art. 46. — Le président de la République (aujourd'hui l'Empereur) convoque, ajourne, proroge et dissout le Corps législatif. — En cas de dissolution, l'Empereur doit en convoquer un nouveau dans le délai de six mois.

Ce que c'est que le droit de l'électeur.

Avant 1789, la nation, le peuple, n'avaient aucune garantie légale contre les volontés du pouvoir souverain.

Cette grande révolution de 1789 s'est faite, non pour supprimer le pouvoir, toujours nécessaire dans l'État, mais pour avoir des garanties contre l'arbitraire des volontés du pouvoir, pour mettre les biens, la vie, la liberté et tous les intérêts du citoyen à l'abri de la force gouvernementale.

La première, la plus sérieuse, la plus nécessaire des garanties du peuple sous un gouvernement quel qu'il soit, c'est d'avoir des députés, des représentants de son choix, ayant mission de défendre, de servir et de développer les intérêts de tous.

Voilà la raison du suffrage universel, qui donne à chacun de vous le droit de choisir, de nommer les représentants chargés de servir vos intérêts et de les défendre contre l'erreur, les fautes ou l'arbitraire du pouvoir.

Mais ce droit, quel est-il et jusqu'où va-t-il? Vous allez le voir.

Je vous l'ai déjà dit, l'État n'a d'autres ressources d'argent que l'argent que vous lui payez en vertu des lois d'impôt; il n'a d'autres forces militaires que celles que vous lui fournissez en vertu des lois militaires.

Qui est-ce donc qui paye les 2 milliards 227 millions de dépenses annuelles qui sont faites par le gouvernement de l'Empereur?

Réponse : Le peuple.

Qui est-ce qui doit fournir, chaque année, les cent mille hommes du contingent de l'armée active et les cent vingt ou cent cinquante mille hommes de la garde nationale mobile?

Réponse : Le peuple.

Mais en vertu de quel droit le gouvernement de l'Empereur peut-il chaque année opérer le recouvrement des dépenses et chaque année percevoir les contributions directes ou indirectes et les revenus de l'État?

Réponse : En vertu de la loi du budget, qui, tous les ans, fixe le montant des dépenses, en détermine la répartition, et qui doit être votée tous les ans.

En vertu de quel droit le gouvernement de l'Empereur appelle-t-il chaque année le contingent militaire ?

Réponse : En vertu de la loi qui, tous les ans, détermine le contingent.

Or, par qui la *Loi* est-elle faite, est-elle votée ?

Réponse : Sachez-le bien, l'*Empereur a seul l'initiative et la proposition des lois* (art. 8 de la Constitution). — MAIS LA LOI N'EXISTE ET N'EST EXÉCUTOIRE, QU'AUTANT QU'ELLE A ÉTÉ VOTÉE PAR LE CORPS LÉGISLATIF.

Qui est-ce donc, en réalité, qui fixe le montant des dépenses et en détermine la répartition? Qui est-ce donc qui vote l'impôt, les emprunts et le contingent de l'armée active ?

Réponse : C'est le Corps législatif (art. 39 de la Constitution).

Et qui est-ce qui nomme les députés au Corps législatif?

Réponse : Ce sont les électeurs, c'est le peuple, c'est vous.

Par conséquent, c'est en vertu de votre volonté et de votre consentement, exprimés par vos représentants, que chaque année les dépenses sont votées et réparties ; c'est en vertu de votre volonté que les impôts sont votés et perçus, en vertu de votre volonté que vous supportez les charges militaires.

Et dès lors, si l'impôt, si le contingent, en un mot si les lois ne peuvent être votées et consenties qu'en vertu de votre volonté, *il dépend de votre seule volonté que les lois soient maintenues si vous les trouvez bonnes, modifiées . si vous les voulez autres, rejetées si vous les jugez contraires à votre bien et à l'intérêt du pays.*

Voilà tout entier le droit de l'électeur; voilà jusqu'où va la puissance de son vote, le jour où il est appelé à nommer ses représentants. — Et il ne dépend que de lui de vouloir s'en servir.

Si le peuple est négligent, insouciant, ou se laisse corrompre dans l'exercice de ce droit; si le citoyen abandonne son vote à des *candidatures officielles* proposées à dessein par le gouvernement lui-même, le peuple perd toutes les garanties que la Révolution de 1789 a eu pour but de conquérir. — En se livrant à un homme choisi par le pouvoir pour faire prévaloir les volontés du gouvernement, il se livre à l'arbitraire de ces volontés. — Il n'y a plus qu'un simulacre de suffrage universel, qu'un simulacre de vote et d'élection; et la nation retombe alors dans un état pire que celui où elle était avant 1789, car elle n'a même plus les mœurs publiques et l'esprit politique qui existaient alors et pouvaient tempérer la puissance de la royauté.

Mais si vous voulez user de votre droit en citoyens libres, vigilants et soucieux de leurs intérêts, je vais vous démontrer comment vous pouvez l'exercer légalement, aux prochaines élections, et quels résultats vous pouvez obtenir.

CHAPITRE IV.

La question devant les électeurs de 1869 :
Bilan de l'Empire.

CHAPITRE IV.

La question devant les électeurs de 1869.

Aux termes de l'art. 38 de la Constitution, les députés au Corps législatif sont élus pour six ans.

Aux termes de l'art. 46, l'Empereur est tenu de convoquer les électeurs à nommer un nouveau Corps législatif avant l'expiration des six années, ou dans un délai de six mois à partir de la dissolution par lui prononcée avant l'expiration des six ans ; *de telle sorte qu'il ne puisse pas se passer une année sans que le Corps législatif ait été mis en demeure de voter le budget des dépenses et le contingent militaire.* — Telle est l'économie de la Constitution.

Or vous savez que la durée des pouvoirs du Corps législatif doit se terminer cette année 1869.

Par conséquent l'Empereur doit vous convoquer en 1869 à la nomination des nouveaux députés, à qui vous allez confier pour six ans le droit de fixer les dépenses, de voter l'impôt et le contingent, le droit de sauvegarder vos intérêts et de contrôler les actes du gouvernement.

A ce moment, quelle est la question qui se pose devant vous ? La voici :

Depuis seize ans les destinées du pays sont livrées à la direction du gouvernement de l'Empereur ; depuis seize ans ce gouvernement tient à sa disposition et administre toutes les ressources financières de l'État, ses ressources militaires, ses libertés et sa fortune politique en Europe.

Qu'en a-t-il fait ?

Des guerres ont été entreprises, des emprunts contractés, des travaux publics exécutés, des traités de commerce ont été passés, des lois ont été promulguées au nom du Chef de l'État et sur l'initiative de sa seule volonté. — Aujourd'hui tous ces actes se résument dans un accroissement certain des charges publiques de toutes natures qui pèsent sur le pays.

Il se trouve que tout ce qui s'est fait ainsi, par la volonté de l'Empereur, a été constamment accepté, approuvé et sanctionné par les votes de ceux qui étaient chargés de défendre vos intérêts vis-à-vis du pouvoir, par les votes de la majorité aux assemblées législatives.

Maintenant il s'agit pour vous de savoir si, à votre tour, vous approuvez ces actes, si vous voulez accepter les charges qui vous sont imposées et la situation qui vous est faite par les seize années de la politique impériale.

Il s'agit de savoir *si vous voulez que vos nouveaux représentants maintiennent pendant six ans encore et approuvent, de la même façon que leurs devanciers, les volontés du pouvoir; ou si vous entendez au contraire que, faisant prévaloir vos propres volontés, ils obtiennent sur les dépenses, sur les impôts, sur les charges du service militaire, les réductions et les dégrèvements que vous jugez nécessaires à vos intérêts; qu'ils obtiennent enfin pour les libertés publiques les réformes sans lesquelles, d'après les principes de 89, il n'y a pas de garanties pour les droits de la nation.*

Telle est la question qui s'élève entre le peuple et le pouvoir aux élections de 1869, et que vous électeurs vous avez à résoudre par le choix de vos représentants.

Vous avez donc à vous rendre compte de la manière dont les affaires publiques ont été administrées par le gouvernement de l'Empire, vous avez à juger les actes et les résultats de cette administration, afin de décider, sur chaque point, les réformes que vous avez à demander et les résolutions que vous avez à prendre.

C'est ce que nous allons examiner en dressant le bilan des dépenses de l'Empire, le bilan de ses emprunts, de ses guerres, de sa politique en Europe, et en constatant leurs résultats.

Le bilan de l'Empire.

Et d'abord, savez-vous quelles sont les dépenses de l'Empire ?

D'après une déclaration faite par le Ministre d'État dans la séance du 20 mai 1868, le budget s'élève aujourd'hui à *deux milliards trois cent millions de francs.*

Or, en 1851, le budget de la République ne s'élevait qu'à un milliard 500 millions.

C'est donc depuis dix-sept ans une augmentation de *huit cents millions de francs.*

Au reste voici un tableau qui vous fera comprendre les accroissements successifs et continus des budgets de l'Empire.

République	1850 —	1 milliard	472	millions.	
—	1851 —	1 »	461	»	
Coup d'État	1852 —	1 »	513	»	
Empire	1853 —	1 »	547	»	
—	1854 —	1 »	998	»	
—	1855 —	2 »	398	»	
—	1856 —	2 »	195	»	
—	1857 —	1 »	892	»	
—	1858 —	1 »	858	»	
—	1859 —	2 »	207	»	
—	1860 —	2 »	084	»	
—	1861 —	2 »	170	»	
—	1862 —	2 »	212	»	
—	1863 —	2 »	287	»	
—	1864 —	2 »	256	»	
—	1865 —	2 »	147	»	
—	1866 —	2 »	200	»	
—	1867 —	2 »	350	»	
—	1868 —	2 »	300	»	

Sans compter les centaines de mille francs.

Il résulte de ce qui précède que les dépenses des années 1852 à 1866 se sont élevées aux chiffres que voici (1) :

Périodes quinquennales	Ensemble des dépenses	Moyenne par année
Années 1852 à 1856	9,643,778,793	1,920,755,759
1857 à 1861	10,213,760,472	2,042,752,094
1862 à 1866	11,134,809,436	2,226,961,287

(1) Nous empruntons ces chiffres au remarquable travail de M. Horn (*Le Bilan de l'Empire*). — Paris, Le Chevalier, éditeur.

Ce qui fait un total général d'environ trente et un milliards de francs.

Il faut remarquer la progression des dépenses d'après ce petit tableau :

1° Dans la seconde période (1857-1861), les dépenses se trouvent accrues de 570 millions.

2° Dans la troisième période (1861-66), elles se sont accrues d'une nouvelle augmentation de 921 millions.

Ce qui fait une charge annuelle et actuelle de 2 milliards 227 millions, en prenant la moyenne de 1862-66.

Or, comme il y a en France environ 9,327,000 familles, cela fait peser sur chaque famille une moyenne de 240 fr. par an.

Comparaison.

Si l'on compare l'ensemble des quinze premières années de l'Empire aux quinze premières années normales du gouvernement de Juillet;

On trouve que de 1832 à 1846 le gouvernement de Juillet n'avait dépensé que 19 milliards 38 millions de francs, au lieu des 31 milliards dépensés par l'Empire dans une même période de quinze ans (1852 à 1866).

De telle sorte que l'Empire nous fait dépenser HUIT CENTS MILLIONS *de plus par année que nous n'avions dépensé antérieurement.*

En résumé, 2 milliards 227 millions de charges annuelles, soit 240 fr. par famille, sans compter les contributions particulières à chaque ville et à chaque commune (environ 580 millions), telle est la charge foncière qui pèse sur la France.

Sous le régime parlementaire de la monarchie de Juillet, les charges étaient donc moindres d'un tiers environ.

Le chiffre des dotations compris dans le budget de 1867 est de 48 millions, tandis que sous la République, en 1851, il n'était que de 10 millions; c'est donc une augmentation de 38 millions dépensés en dotations!

Les emprunts de l'Empire.

Il en est de l'État comme des particuliers :
lorsque ses revenus ne sont pas suffisants pour
faire face à ses dépenses, il est dans la nécessité de contracter des emprunts.

Or tout emprunt oblige le débiteur à payer
les intérêts de la somme empruntée, intérêts
qu'il faut prélever sur les ressources du revenu,
jusqu'à ce que l'on soit parvenu à rembourser
le capital.

Il suit de là que tout emprunt nouveau constitue pour le pays une charge nouvelle, une
dépense de plus qu'il faut ajouter aux dépenses
ordinaires, sans compter les sommes que l'on
doit économiser pour amortir la dette, c'est-à-

dire pour rembourser le capital. Et ainsi l'État qui emprunte ne s'oblige pas seulement pour le présent, il grève encore l'avenir de tout le poids des intérêts à payer et du capital à rembourser. C'est ce qui constitue *la dette publique*.

Exemple : Lorsque le Gouvernement emprunte un milliard, il nous oblige à payer annuellement cinquante millions d'intérêts par le seul fait de cet emprunt. Le budget des années suivantes se trouvera donc augmenté d'une dépense de cinquante millions de plus, qui devra frapper sur le contribuable jusqu'à l'amortissement.

Il importe donc que l'électeur connaisse l'état de la dette publique afin qu'il juge s'il y a lieu d'approuver les emprunts contractés et s'il a intérêt à empêcher qu'il en soit contracté de nouveaux.

*
* *

La dette publique comprend : 1° le service des intérêts dus pour les emprunts contractés par l'État ; 2° le service des dotations constituées au profit des princes, du Sénat, de la Légion d'honneur, etc.; 3° les frais de régie et perception des impôts.

Avant l'Empire, la dette publique ne dépassait pas 405 millions de francs ; aujourd'hui elle atteint le chiffre énorme de 610 millions. Soit, à la charge de l'Empire, 205 millions de plus que pendant la moyenne des cinq dernières années du régime parlementaire de Louis-Philippe et de la République.

C'est donc une charge annuelle de 205 millions de francs dont le gouvernement de l'Empire a grevé l'impôt actuel et l'impôt de l'avenir.

Cet accroissement de la dette publique résulte pour la plus grande partie des emprunts suivants, dont le Gouvernement a reçu le capital.

En mars et décembre 1854 . . . . , .	500 millions
Juillet 1855.	750 —
Mai 1859	500 —
Janvier 1864.	300 —

En outre, on a prélevé sur la dotation de
l'armée . . . .   216 millions.

On a emprunté à la Banque, en 1857,
lors du renouvellement du privilége   100   —

En 1861. — Obligations trentenaires . .   270   —

En outre, on a créé des rentes au profit
de la Légion d'honneur (décret du 27 mars
1852), et pour le majorat du duc d'Istrie
(décret du 19 mars 1858) . . . .   Mémoire.

En somme, le capital réel emprunté depuis
dix–sept ans est, au *minimum*, de :

1º Deux milliards six cents millions . . .   2,600,000,000
2º On a emprunté encore cette année,
quatre cent soixante-deux millions   462,000,000
3º Enfin, l'indemnité de trois millions de
rente aux porteurs d'obligations mexicai-
nes, représentant un capital de soixante-
huit millions de plus   68,000,000

Total.   3,130,000,000

C'est donc un capital de trois milliards cent
trente millions de francs empruntés depuis
seize ans, sans compter la dette flottante, qui
est de neuf cent soixante-dix millions.

EN RÉSUMÉ

Capitaux empruntés par la dette publique. 3,110,000,000 f.

Capitaux empruntés par la dette flottante. 970,000,000

Total général . . . 4,080,000,000 f.

Comparaison.

Le gouvernement de Juillet, pendant le même temps (17 années), n'avait créé que 12 millions de rentes.

Mais il laissa une dette flottante qu'il fallut consolider en 1848, et qui ajouta plus de 26 millions à la dette publique.

Ainsi le régime parlementaire n'avait accru la dette publique que de 38 *millions au maximum*, tandis que l'Empire, dans une période égale, l'a accrue de 205 *millions*.

Ajoutez que pendant les quinze années normales (1832-1846) de la monarchie de Juillet, la dette publique a été amortie de 333 millions.

Et que pendant les quinze années de l'Empire (1852-1866), la dette n'a été amortie que de 30 millions de francs.

*
* *

Pour compléter le tableau des emprunts en y ajoutant les emprunts des villes et des départements, nous donnons ci-après la récapitulation faite par **M. Henri Merlin** dans sa brochure sur *les principes financiers de l'Empire.*

Récapitulation.

Emprunts d'État émis en rente par souscription publique	2,729,000,000
— déguisés (1).	1,576,000,000
— de la ville de Paris (2). . . .	918,000,000
— des départements (jusqu'au 1er janvier 1868).	231,257,182
— des villes à revenu de cent mille francs	441,131,616
— à revenu inférieur à cent mille francs.	200,000,000
Total	6,095,388,798

(1) Voici le détail des emprunts déguisés :
Soulte prélevée sur les rentiers à la conversion de
1862 . . . . 157 millions.

A reporter. . . . . 157 millions.

Plus de six milliards empruntés par l'administration en seize ans !

Report.	157	millions.
Abandon par les rentiers d'un trimestre de revenu.	39	—
Aliénation d'immeubles	45	—
Négociations de rentes appartenant au Trésor	32	—
Augmentation des cautionnements.	60	—
Indemnités de guerre (Chine, Japon, Cochinchine).	70	—
Recouvrements sur le Mexique.	105	—
Avances de la Société algérienne.	100	—
Obligations trentenaires.	283	—
Caisse de Dotation de l'armée	183	—
Banque de France (renouvellement de son privilége, 1857).	100	—
Recouvrements sur les chemins de fer.	258	—
Pour frais d'émission en souscription publique des divers emprunts	93	—
Divers	51	—
Total.	1576	millions.

Y compris les 398 millions de Bons de délégations proposés à la sanction du Corps législatif. — Le chiffre des emprunts de la ville de Paris peut ne pas être d'une rigoureuse exactitude.

Comment sont réparties les dépenses de l'État.

Vous connaissez : 1° le montant des dépenses; 2° le montant de la dette. — Il s'agit de savoir maintenant comment ces dépenses sont réparties, quel est leur emploi, et dans quelle proportion elles profitent à chaque branche de l'Administration.

Le budget des dépenses en 1868 est de deux milliards, trois cent millions . . . . 2,300,000,000f.

Sur cette somme il faut prélever, d'abord, la dette publique, que vous avez à payer avant de compter les dépenses applicables aux besoins du pays.

Or, vous payez :

Intérêts des capitaux empruntés	260,000,000 f.	
A reporter.	260,000,000 f.	2,300,000,000 f.

Report	260,000,000 f.	2,300,000,000 f.
Dette viagère	90,000,000	
Intérêts des cautionnements, dette flottante.	34,000,000	
Dotation de l'Empereur.	25,000,000	
Dotation de la famille impériale	1,500,000	
Dotation des sénateurs	6,600,000	
Dotation du Corps législatif	4,800,000	
Dotation de la Légion d'honneur	11,100,000	
Total. . . .	433,000,000 f.	

Vous payez en outre pour frais de régie et de perception des impôts . . . . 234.000.000 f.

667,000,000 f.

Soit, à retrancher, six cent soixante-sept millions. . . . .   667,000,000 f.

Reste. . . . . .   1,633,000,000 f.

Il ne reste donc qu'une somme de un milliard six cent trente-trois millions

A reporter. . . . .   1,633,000,000 f.

Report. . . . . -1,633,000,000 f.

applicable au service des besoins du pays.

Maintenant, si nous prélevons, en second lieu, les dépenses militaires, les dépenses de guerre, etc., nous trouvons :

1° Que le budget du Ministère de la guerre vous coûte . . . . 440,000,000 f.

2° Qu'au budget de la
Marine vous payez. 213,000,000

	653,000,000 f.	653,000,000 f.
Reste . . .		980,000,000 f.

Sur ces neuf cent quatre-vingt millions restants, vous avez à payer les dépenses que nécessitent les frais d'administration, de police, et les appointements de tous les fonctionnaires, dans l'ordre administratif, religieux ou judiciaire

Ainsi vous payez :

1° Pour l'administration de la justice . . . . 33,300,000 f.

2° Pour le service des
cultes (dont 2 millions

A reporter . . . . . 33,300,000 f.

Report . . . . . 33,300,000 f.

seulement aux cultes non catholiques) . . . . 54,000,000 f.

3° Ministère des Affaires étrangères 13,200,000

4° Ministère de l'Intérieur (préfets, sous-préfets, police, etc 63,900,000

5° Administration des finances 27,600,000

6° Ministère d'État. . 3,200,000

Enfin vous payez au budget des Travaux publics 163,500,000

Au budget de l'instruction publique 25,000,000

Et au Ministère des Beaux-Arts et de la Maison de l'Empereur . . . 21,000,000

404,700,000 f.

De telle sorte que le budget de 2 milliards 300 millions que vous payez à l'État se trouve absorbé de la manière suivante :

1° Par la dette publique et les dépenses militaires, pour . . . . 1,320,000,000 f.

2° Par les dépenses d'administration

et les services des Ministères de la jus-
tice, des cultes, etc., pour . . . .　762,000,000 f.

3º Et par les Ministères des Travaux
publics, de l'Instruction publique et
des Beaux-Arts, seulement pour une
somme de. . . . .　209,000,000 f.

Vous voyez par là dans quelle proportion considérable pèsent sur vous les charges de la dette publique et les charges de guerre : elles sont de 57 *pour cent*, tandis que ce qui s'applique à l'instruction publique, au développement des travaux utiles, à l'agriculture, au commerce et à l'industrie, ce qui s'applique, en un mot, aux travaux de la paix, ne dépasse pas 9 *pour cent*.

Question.

Il vous reste à vous demander si vous acceptez pour bon le système financier de l'Empire, et si vous entendez qu'il soit maintenu dans la progression et l'accroissement continus de la dette publique et des dépenses militaires, ou si vous voulez, au contraire, que ce système soit ramené à des économies rigoureuses et à des réductions nécessaires. Enfin, si vous recherchez la raison de cette rapide progression des dépenses de l'État, vous la trouverez toute dans la politique suivie par le gouvernement de l'Empire, et dans les guerres entreprises au nom du pays par la volonté de l'Empereur, ainsi que nous allons le montrer au paragraphe suivant.

Quelles guerres ont été entreprises, et ce qu'elles ont coûté en hommes et en argent. Leurs résultats.

Selon les principes de 89, le chef de l'État ne pouvait entreprendre aucune guerre, offensive ou défensive, sans le consentement des représentants de la nation (Constitution de 1791).

Aujourd'hui l'Empereur *commande les forces de terre et de mer ; il déclare la guerre et fait les traités de paix* en vertu de sa seule initiative (art. 6 de la Constitution de 1852).

C'est donc à raison de ce droit souverain que se sont faites : la guerre de Crimée, la guerre d'Italie, la guerre du Mexique, les expéditions de Cochinchine, de la Chine et du Liban, et, en dernier lieu, l'expédition de Rome.

Examinons d'abord ce que ces guerres ont coûté en hommes et en argent. — En voici le tableau :

	Hommes tués ou morts.	Argent.
Guerre de Crimée 1854-1855 . . .	95,615 hom.	1,660,000,000 f.
Italie	10,173	363,000,000 f.
Mexique	inconnus	400,000,000 (1)
Chine, Cochinchine et Liban . .	inconnus	300,000,000 (2)
Rome	mémoire	mémoire
Total, sauf mémoire . . .		2,723,000,000

Il faut remarquer que, les comptes de la guerre du Mexique n'étant pas encore établis, non plus que ceux de l'expédition de Rome, nous avons dû nous tenir bien en deçà de la réalité. Mais si l'on recompose les chiffres que nous avons laissés pour mémoire ou incomplets, on voit que par là se justifie de bien près et s'explique le total de trois milliards deux cent millions de francs, qui comprend la somme des capitaux empruntés par l'Empire.

Quels résultats avons-nous obtenus de ces guerres ?

(1) Chiffres approximatifs.
(2)   D°   d°.

1° GUERRE DE CRIMÉE. Elle a été entreprise, de concert avec l'Angleterre et la Turquie, pour s'opposer à l'envahissement de l'Empire ottoman par la Russie. — Grâces au succès des alliés, on a arrêté le développement de la puissance russe en Orient, on a sauvegardé ainsi l'intégrité de la Turquie, et l'on a maintenu la libre possession de la Méditerranée. — Tel est le résultat des traités passés après la prise de Sébastopol.

Ce résultat nous a coûté près de cent mille hommes tués ou morts, et 1660 millions de francs.

2° GUERRE D'ITALIE. Elle a eu pour objet d'empêcher la conquête du Piémont par l'Autriche et l'établissement des Autrichiens en Italie.

Elle a eu pour résultat la défaite de l'Autriche et pour sanction le traité de Villafranca, qui faisait rentrer cette puissance dans ses anciennes limites.

La conséquence de cette guerre a été d'amener bientôt le renversement des diverses principautés et monarchies qui se partageaient la péninsule, et de constituer l'unité du royaume d'Italie sous le gouvernement du roi Victor-Emmanuel.

Un traité passé avec le roi d'Italie a annexé à la France la Savoie et le comté de Nice.

Cela nous a coûté **10,173** hommes tués ou morts, et **363** millions de francs.

3° L'EXPÉDITION DU MEXIQUE avait d'abord été entreprise, d'un commun accord et avec le concours de l'Angleterre et de l'Espagne, en vue de réclamer les sommes dues à nos nationaux, et d'obtenir à la fois payement et réparation des dommages par eux éprouvés.

L'Angleterre et l'Espagne, appréciant la pénurie des ressources du Mexique et jugeant une guerre inutile pour soutenir des réclamations purement pécuniaires, se sont retirées après avoir traité avec Juarez. — Seul le gouvernement de l'Empereur a voulu persister.

Après un premier échec devant Puebla, on a envoyé de nouvelles troupes, dont la bravoure, partout victorieuse, a pénétré jusqu'au centre du pays et s'est emparé de la capitale du Mexique. — C'est alors que le gouvernement français, refusant de traiter avec le président Juarez, a tenté de fonder un empire mexicain, sous le gouvernement d'un prince de la maison d'Autriche, Maximilien.

Pendant deux ans, nous avons voulu soutenir de nos armes et de notre argent cet empire nouveau. Mais lorsque la France, conformément à l'engagement qu'elle avait pris envers la République des États-Unis, s'est vue contrainte de retirer ses troupes, l'Empire mexicain est tombé et l'Empereur Maximilien a été fusillé.

Tel est le résultat obtenu.

Cette expédition a duré trois ans; elle nous a coûté, en hommes, des pertes encore inconnues, et, en argent, des sommes que l'on ne peut évaluer, quant à présent, à moins de **600** millions de francs.

4° Nous ne parlerons que pour mémoire de l'expédition de Rome, qui a eu pour but et pour résultat de défendre le pouvoir temporel du pape contre les entreprises d'une armée italienne commandée par Garibaldi.

5° Quant aux expéditions lointaines de Chine, de Cochinchine et du Liban, elles ont été faites en vue de réprimer les violences exercées contre nos nationaux, d'obtenir réparation pour eux et de faire respecter l'honneur du pavillon français. — Vous savez qu'elles ont coûté 300 millions.

6° GUERRE D'ALLEMAGNE. Mais il est une guerre à laquelle nous n'avons pas pris part, que l'on a laissé faire, et dont les conséquences sont pour nous plus onéreuses que toutes les guerres entreprises par l'Empereur, c'est la guerre d'Allemagne, terminée par la bataille de Sadowa.

Au moment où nos troupes se trouvaient engagées dans l'expédition du Mexique avec une grande partie de nos ressources de guerre et de nos ressources maritimes, la Prusse réalisa le projet d'étendre sa domination sur tout le nord de l'Allemagne. — Une seule puissance était capable de lui disputer la prépondérance, l'Autriche. — Mais, par un traité de guerre passé avec l'Italie (dont notre politique avait constitué l'unité et la force récentes), la Prusse obtint que les armées du roi Victor-Emmanuel attaqueraient l'Autriche du côté de l'Italie, tandis que les armées prussiennes marcheraient sur Vienne du côté de l'Allemagne.

L'événement donna raison aux calculs ambitieux des agresseurs. L'Autriche, obligée de faire face à la fois au nord et au midi, ne put opposer à ses ennemis que des forces divisées. D'abord victorieuse en Italie, elle fut vaincue en Allemagne, à Sadowa, par toutes les forces réunies de l'armée prussienne ; le royaume de Hanovre succomba avec elle, et à partir de ce moment fut fondée l'unité de l'Allemagne du Nord, c'est-à-dire une nouvelle puissance de trente-huit millions d'hommes dépendant de la politique prussienne et confinant à nos frontières.

Au milieu de ce conflit, la France tenait en mains les destinées de l'Europe ; son intervention devait être déterminante, soit qu'elle voulût arrêter la marche des Italiens, soit qu'elle voulût s'opposer aux progrès de la Prusse. Il suffisait qu'elle fît la moindre démonstration militaire pour paralyser à l'instant même les mouvements des belligérants. Mais le gouvernement de l'Empereur a cru devoir rester immobile spectateur.

Ainsi l'Empire a laissé se constituer en Allemagne cette formidable puissance de la Prusse nouvelle, qui peut appeler autour d'elle une armée de douze cent mille hommes, en disposer quand il lui plaît, et les jeter désormais dans les conflits de l'Europe.

Il n'y a plus à se faire illusion sur les erreurs de cette politique expectante suivie par ceux qui nous gouvernent. Tout le monde voit clairement aujourd'hui, sinon le danger, au moins la menace qui résulte d'un pareil état de choses; et le gouvernement français se voit lui-même obligé de le reconnaître en armant partout nos frontières et en organisant une armée capable de lutter au besoin contre les deux nationalités qu'il a contribué à fonder : la nationalité allemande et la nationalité italienne. De là les lois militaires et les emprunts qui, cette année, ont imposé de nouvelles charges à notre pays : voilà le dernier résultat pour nous de la guerre d'Allemagne.

En résumé :

Une guerre utile, dont nous avons payé tous les frais,.la guerre de Crimée.

Deux guerres faites en Italie pour le profit de la royauté italienne et pour le maintien du pouvoir temporel du Pape.

Des expéditions lointaines en Syrie, en Chine et en Cochinchine.

Une expédition ruineuse, désastreuse et fatale, au Mexique.

Enfin, l'inaction en présence du plus grand événement de l'histoire moderne : le triomphe de la Prusse sur les États allemands.

Tels sont les faits de la politique militaire de l'Empire que vous avez à juger comme électeurs, avant que l'histoire les juge dans leur influence sur les destinées de la France.

Quelles charges militaires pèsent sur les familles.

Vous savez tous quel était le régime militaire en vigueur depuis la loi de 1832. La durée du service était de sept ans, et avant l'Empire le contingent était de 80,000 hommes.

Depuis l'Empire :

1° Le contingent a été de 100,000 hommes (même avant l'annexion de la Savoie).

2° Une nouvelle loi, promulguée cette année 1868, a augmenté la durée du service militaire et l'a élevée de sept ans à neuf ans.

OBSERVATION : Il est vrai que ces neuf années

sont divisées en cinq ans de service actif et quatre ans de réserve; mais, en cas de guerre, il suffit d'une décision du ministre pour appeler la réserve.

Ainsi, c'est toujours une période de neuf ans pendant laquelle le soldat se trouve soumis au régime militaire.

3° La même loi, mise en vigueur aujourd'hui, a imposé en outre un service de garde nationale mobile d'une durée de cinq ans, dans lequel doivent rentrer tous les conscrits qui ne sont pas tombés au sort.

En résumé, il y a aggravation des charges du service militaire : 1° par l'augmentation du contingent de 80 à 100 mille hommes; 2° par la durée du service, élevée de sept ans à neuf ans, sans garantie du temps de la réserve; 3° par l'établissement de la garde mobile.

Ce nouvel état militaire de la France n'est que la conséquence de la situation que l'Empire nous a faite en Europe, et des vues personnelles de l'Empereur.

Mais, au moment de la formation d'une garde

mobile, qui constitue une force dès à présent considérable, vous avez à vous demander s'il n'y a pas lieu d'arriver progressivement à la réduction de l'armée active, et de proposer la diminution des contingents.

Conclusion sur le bilan de l'Empire.

Vous allez vous demander sans doute comment, en l'espace de 17 ans, vos dépenses se sont accrues de 800 millions ;

Comment les emprunts sont parvenus à ce chiffre jusqu'alors inconnu dans les finances de l'État, au chiffre de trois milliards et plusieurs centaines de millions.

Vous vous demanderez la raison du péril qui oblige l'armée active à un service de neuf ans, et qui nécessite en plus une garde mobile dont l'effectif ne sera pas au-dessous de six cent mille hommes, soit en tout treize cent mille hommes sous les armes.

Vous vous étonnerez de ce que, presque à votre insu, la fortune publique et les intérêts du pays ont été surmenés à ce point que cha-

cun se sent sous le coup d'une crise imminente,
et que le commerce, l'industrie, les affaires
de toute nature, demeurent stagnantes aujour-
d'hui.

Il n'y a qu'une réponse : c'est que tout ce
qui s'est fait s'est fait par votre volonté ; c'est
que tout cela est le résultat direct de votre
conduite politique dans les précédentes élections.

N'est-ce pas vous qui, depuis l'Empire, avez
voulu vous en remettre aveuglément au chef de
l'État pour la direction de vos affaires ?

N'est-ce pas vous qui, dans les précédentes
élections, avez constamment nommé pour représenter et défendre vos intérêts, non pas des
candidats choisis par vous, mais des candidats
choisis à l'avance et désignés par le pouvoir ?

N'est-ce pas vous qui, en constituant ainsi
l'immense majorité du Corps législatif de tous
les hommes proposés et soutenus par le gouvernement, avez autorisé ces hommes à tout
accepter, à tout subir, et à sanctionner toujours, par leurs votes, les actes et les lois de
la politique impériale ?

C'est donc à vous seuls que vous devez vous en prendre de la situation qui vous est faite. Vous seuls en êtes cause; vous en êtes les premiers complices, et chacun de vous, faisant retour sur lui-même, n'a plus qu'à se dire le « Tu l'as voulu » de Georges Dandin.

Mais qu'importe ce que vous avez fait dans le passé! La question aujourd'hui est de savoir si vous entendez garder cette fois la même attitude et la même conduite politique.

Prenez-y garde! Il s'agit de livrer le pays et de l'abandonner pour six ans au sort des élections; et si vous jugez l'heure venue de ne plus vous en rapporter aveuglément à ceux qui vous gouvernent, si vous voulez ne compter plus désormais que sur vous-mêmes et prendre tout entière la part qui vous revient dans la direction des affaires publiques, il n'est que temps d'y songer, il n'est que temps d'aviser au moyen de ressaisir votre droit.

Cependant, examinons encore, et voyons le bilan de l'Empire au regard du progrès réalisé.

Autre aspect de la question.

———

Le progrès sous le régime impérial.

Vous connaissez maintenant le bilan des charges de l'Empire et la proportion dans laquelle ces charges se sont accrues depuis quinze ans. — C'est à vous de juger aujourd'hui quel bien vous avez retiré de ce régime et quel bien vous en pouvez attendre dans l'avenir.

Le bien ne peut être que dans le *progrès* accompli. — Et ici, il faut distingner le progrès qui appartient à la politique et le progrès général qui, dans la marche des choses, n'est dû qu'à l'activité et au génie des peuples.

On ne manquera pas de faire briller à vos yeux le développement de l'industrie et du commerce, la progression de la richesse et du bien-être ; — on vous montrera les réseaux de chemins de fer et de lignes télégraphiques, les travaux publics, si hâtivement entrepris et exécutés de vos deniers, dans les villes ; — on fera valoir le mérite de nos expositions universelles, et même on ira jusqu'à revendiquer le bienfait de toutes les institutions de secours et de charité, et l'on vous dira : « Tout cela est l'œuvre et le bienfait du régime impérial. »

Vous pouvez répondre hardiment : « Non, ce progrès n'est pas à vous. » Et je n'en veux qu'une preuve, c'est que ce même bienfait s'est développé et s'est accompli dans la même progression partout autour de nous, chez d'autres peuples soumis à d'autres régimes politiques.

Est-ce clair ?

Allez en Angleterre, en Belgique, en Allemagne, allez aux États-Unis, et vous verrez que, depuis quinze ans, partout se sont développés au même degré l'activité industrielle et commerciale, les chemins de fer, les lignes télégraphiques, les expositions, les institutions de secours et de charité. —C'est là un progrès dû à la civilisation moderne, un progrès qu'aucun pouvoir politique, aucune frontière, ne peuvent arrêter, entendez-le bien. — C'est le progrès des peuples, le progrès de l'esprit humain, le progrès de la science, et ce progrès-là, il n'appartient à personne de le hâter ni de le ralentir.

Imaginez-vous, au dix-neuvième siècle, un souverain venant dire à son peuple : « C'est à moi que vous devez vos chemins de fer, votre commerce, vos arts et votre industrie, etc. »

Et le peuple lui répondra : « Étiez-vous donc maître d'arrêter notre activité ? Et si vous aviez été maître de l'empêcher, si, par votre fait, nous avions dû rétrograder, quel criminel ne seriez-vous pas ? »

Quant à nous, nous n'avons que faire de ces sortes de réclames gouvernementales. — Nous savons trop bien à quelle hauteur la France s'est élevée et s'est toujours maintenue, *sous tous les régimes*, dans les conquêtes de la civilisation, pour ne pas en attribuer la gloire qu'au seul génie de la nation. — La honte serait qu'une politique d'ambition étroite et personnelle condamnât la France à descendre au second rang.

Il faut donc écarter cette part de progrès, puisqu'elle est commune à tous les peuples modernes, et, vis-à-vis d'un pouvoir politique, ne compter plus que ce qui serait le *progrès politique*.

⁂

Le progrès politique, au point de vue de la fortune publique, serait dans la diminution des charges financières, dans les économies réalisées, dans l'amortissement des emprunts.

Or, sous le régime de l'Empire, vous voyez : 1° que les dépenses se sont accrues de 800 millions par an ; — 2° que la dette publique a été augmentée de cent vingt-cinq millions en intérêts et trois milliards en capital ; — 3° que l'amortissement des emprunts n'a pas fonctionné pendant tout ce temps, *malgré les pres-*

criptions formelles de la loi, — sauf depuis 1867.

Quant à la valeur de notre crédit, on voit que la rente française 3 p. 100, qui valait 80 francs en 1847, — ne vaut aujourd'hui en 1868 que 69 francs; tandis que le 3 p. 100 anglais est coté 93 francs.

Au point de vue intellectuel, le progrès serait dans le développement de l'instruction gratuite, partout répandué.

Et la statistique constate que, sous le rapport de l'instruction primaire, la France est au-dessous du progrès réalisé en Allemagne, en Belgique, en Angleterre et dans certaines contrées de l'Amérique.

Au point de vue des libertés, il serait dans la faculté de penser, d'écrire, d'imprimer et de publier ses opinions; dans la faculté de pouvoir se réunir, discuter et délibérer publiquement sur les actes du gouvernement et sur les intérêts du pays.

Et il se trouve que nos lois répressives de ces sortes de libertés nous laissent au-dessous de tout ce qui se fait et pratique au grand jour en Angleterre, en Belgique et aux États-Unis.

Enfin, au point de vue des relations de la France avec les autres peuples de l'Europe, le progrès serait dans la sécurité de la paix.

Et nous sommes tout en armes ! nous organisons une armée de 1,200,000 hommes. Et l'on voit, en 1869, toute l'Europe suspendue aux mouvements que peuvent tenter d'un jour à l'autre les ambitions, les convoitises, les caprices ou les folies des Souverains !

De telle sorte que le progrès accompli se résume par un armement, le plus formidable qui se soit fait en France depuis cinquante ans, depuis la chute du premier Empire, et peut-être par la menace d'une guerre générale : voilà le dernier mot de la politique impériale.

*
* *

Ainsi, ce que les trente-trois années de régime parlementaire (1815-1848) avaient réalisé sans le promettre, la paix, l'Empire a été et reste impuissant à la garder après l'avoir promise. Je le répète, vous savez maintenant que, sur les 2 milliards 227 millions de dépensés annuelles que vous payez depuis six ans, il y en a un tiers applicable aux budgets de la guerre ; — vous savez que, sur les 3 milliards 200 millions d'emprunts contractés, il y en a 3 milliards au moins dépensés dans les guerres ; vous savez enfin qu'un nouvel emprunt de 420 millions a été destiné à couvrir les dépenses de la guerre du Mexique, de la guerre de Rome et de l'accroissement des forces militaires. — Rendez-vous donc compte, et demandez-vous ce que cet argent n'aurait pas rapporté à votre agriculture, à votre industrie, aux arts, au commerce et à vos chemins vicinaux.

En récapitulant tous ces résultats, vous verrez jusqu'où peut être entraînée une nation, alors que ses représentants n'ont plus l'initiative des lois et l'initiative du droit de guerre, comme l'avait sagement prévu la Constitution de 1791.

Et après cela, jugez dans votre conscience quel bien vous avez retiré du régime qui vous gouverne, et quel bien vous en pouvez attendre désormais.

Solution de la question.

Il n'y a pas à hésiter :

Si vous acceptez la situation telle qu'elle se présente à vous, si vous en approuvez les résultats et si vous en ressentez le bienfait ; si vous acceptez sans réserve les charges qu'elle vous impose pour le présent et pour l'avenir, à tout prix vous devez vouloir maintenir cette situation, et le suffrage universel vous donne le pouvoir de la maintenir.

Il n'y a plus qu'à voter pour les partisans de la politique impériale, pour les candidats qui défendent et soutiennent les actes du gouvernement.

Au contraire :

Si vous jugez les charges financières trop lourdes ;

Si vous jugez excessifs les impôts, les dépenses et les emprunts dont on grève le pays ;

Si vous jugez le budget des dépenses mal réparti, en ce qu'il n'alloue pas des sommes suffisantes pour les travaux de la paix, tandis que des sommes considérables sont allouées pour le développement des forces militaires, pour la guerre, pour les dotations (princes, sénateurs, etc.), et que vous vouliez obtenir, dans le vote du budget, non-seulement la diminution des dépenses, mais encore une répartition plus conforme aux besoins de votre agriculture, de votre industrie, et au développement de l'instruction publique ;

Enfin, confiants dans l'irrésistible force que présente notre population de trente-huit millions d'âmes, confiants dans la valeur de notre nation, active, énergique, ardente et héroïque entre toutes les nations, si vous dédaignez les menaces à l'aide desquelles les souverains voudraient armer les peuples les uns contre les autres ;

Si, pour mettre obstacle à des guerres désastreuses, à des expéditions lointaines, entreprises par la seule volonté de l'Empereur, vous voulez la diminution des charges militaires et du contingent, la réduction d'une armée permanente qu'il vous faut entretenir de vos deniers et de votre sang ;

Si vous voulez fermement l'application des principes de 89 dans les lois qui régissent la liberté de penser, d'écrire, de se réunir et de s'associer ;

Et si vous êtes résolus à obtenir tout ce que vous voulez ainsi, VOUS LE POUVEZ.

Les élections de 1869 vous en donnent le moyen légal. Il ne s'agit pour vous que de vouloir et de savoir voter dans le sens d'une opposition fermement déterminée.

CHAPITRE V.

Les Élections.

CHAPITRE V.

§ 1ᵉʳ.

Le Vote.

Allons! vôici venu le jour des élections, le
jour des États généraux du peuple manifestant,
au regard du pouvoir, ses vœux, ses besoins,
ses légitimes aspirations, et résolu à les faire
prévaloir dans l'avenir de ses destinées.

Voici pour vous l'heure de *penser* et d'*agir*
en hommes libres, en citoyens dignes de ce
nom.

Vous êtes tous citoyens de par la loi (1);
vous êtes tous électeurs par le fait de l'âge
(21 ans) et par le seul fait du domicile dans la
commune (six mois) (2).

(1) Art. 12. — Art. 1 à 8.
2) Art. 13.

Vous avez surveillé les listes électorales (1); vous avez rempli les formalités au moyen desquelles la loi assure l'exercice de votre droit. — Vous êtes inscrits; — votre carte d'électeur vous a été délivrée; — il ne reste plus qu'à voter..

A ce moment, vous êtes les maîtres de vos destinées; vous êtes souverains. — Nulle puissance n'est au-dessus de la vôtre; nulle autorité n'a le droit d'intervenir. — Les menaces, les violences, que l'on tenterait de faire contre vous, la contrainte ou l'influence que l'on tenterait d'exercer sur vous, vous n'avez pas à les redouter. Vous êtes plus forts qu'elles; vous êtes plus forts que toutes les forces réunies de l'administration, à commencer par le garde champêtre et à finir par le préfet ou le ministre. — Vous êtes au-dessus d'eux par la force de votre droit, et la loi vous garantit contre toute compression, d'où qu'elle vienne (2).

Eh bien, à ce moment, voulez-vous la ré-

(1) Art. 18 à 23.
(2) Art. 29.

duction des dépenses publiques ? voulez-vous le dégrèvement des impôts? voulez-vous la paix ou voulez-vous la guerre? voulez-vous la réduction du contingent? — Vous les aurez et vous les *pouvez avoir*, ai-je dit, si vous savez choisir pour vos représentants des hommes qui veuillent les mêmes choses que vous voulez, des hommes qui aient la résolution et l'énergie de faire dominer cette commune volonté dans les assemblées du Corps législatif, dans la discussion des lois et dans l'examen du budget. — Tout dépend du choix que vous allez faire parmi les divers candidats qui solliciteront vos suffrages.

Il faut que vous interrogiez chacun de ces candidats, que vous connaissiez leur opinion sur la politique suivie en France depuis seize ans; il faut que vous sachiez quelles résolutions ils sont déterminés à prendre pendant la nouvelle session.

Point de réticences! point d'équivoques! il faut que vous sachiez nettement à qui vous avez affaire.

Voyons-les donc venir.

1°

Voici le *candidat officiel*. Quel est celui-là ?

Il s'intitule candidat du Gouvernement, candidat choisi par l'Empereur.

Il se présente sous le patronage du préfet ou du sous-préfet, qui l'accompagnent ; du maire, qui le reçoit et l'escorte. Pour lui tous les ressorts de l'administration sont mis en mouvement, depuis les plus hauts dignitaires jusqu'au garde champêtre, qui distribue les bulletins de vote à son nom.

Écoutez-le : « Il arrive devant vous au nom du gouvernement de l'Empereur ; il vante la haute sagesse de ceux qui président à la direction des affaires publiques ; il approuve tout ce qui a été fait par la volonté du pouvoir ; il proteste de son dévouement à la personne de l'Empereur !... et il vous demande que vous le chargiez de représenter les droits du peuple, que vous le chargiez de contrôler les actes du Gouvernement et de défendre vos intérêts contre les erreurs, les fautes ou les égarements du pouvoir ! »

Est-il bien libre pour cela ?

Ne l'oubliez pas : *le député est le juge des actes du chef de l'État.*

Or, un tel homme peut-il être bon juge de ceux qui le patronent, qui le recommandent ainsi, et qui le couvrent de leur faveur ? Répondez, et qu'il réponde lui-même.

Imaginez-vous que, dans un procès, vous alliez charger votre adversaire de vous nommer un juge ou de vous choisir un défenseur ? Ce serait folie !

Je le répète, un tel candidat n'est pas votre homme et ne peut pas l'être. — Vous n'avez pas à nommer *un représentant de l'Empereur,* mais *un représentant du peuple.* Vous n'avez pas à choisir un mandataire de l'administration, mais votre propre mandataire.

Il faut donc rejeter ces sortes de candidatures qui vous proposent d'agir en aveugles au lieu d'agir en hommes libres, qui vous provoquent à voter de confiance au lieu de voter de votre propre volonté et avec votre propre discernement, qui vous proposent *l'obédience* à la place du *droit* qui vous appartient. — Elles sont contraires à la dignité et à l'indépendance du vote ; elles sont dangereuses même, parce qu'elles mettent vos consciences aux prises avec l'influence administrative, et parce qu'elles vous laissent, après l'élection, dans une situation favorable ou défavorable vis-à-vis de l'administration dont vos intérêts peuvent dépendre.

Si vous voulez choisir un partisan du Gouvernement, choisissez-le vous-même. Mais ne souffrez pas qu'on vous l'indique, ni qu'on vous l'impose ; ce serait reconnaître votre incapacité ou votre impuissance.

2°

Celui-ci est *le candidat fonctionnaire ;* il se présente à vous revêtu de fonctions salariées. — Comment a-t-il rempli ses fonctions, et jusqu'à quel point se trouve-t-il engagé dans la politique du pouvoir ? C'est ce que vous devez rechercher tout d'abord.

Mais, d'ailleurs, la loi elle-même vous avertit sur un pareil choix ; elle reconnaît l'incompatibilité entre les fonctions publiques salariées et le mandat du député (1). — C'est assez vous dire la réserve que vous devez garder vis-à-vis des candidats fonctionnaires.

3°

Quant aux *candidats anciens députés*, vous les connaissez d'avance par leurs actes et par leurs votes.

Ils se divisent en deux camps : les hommes de la majorité et les hommes de la minorité.

Les uns se sont fait un devoir d'appuyer les actes du pouvoir, de les soutenir, de les défendre, et de consacrer par leurs votes toutes les lois, dépenses, impôts, contingents, etc., proposés par le gouvernement de l'Empereur. Ce sont les hommes de la majorité. — Les autres ont constamment lutté contre la progression des dépenses publiques et de l'impôt, contre la loi militaire, contre les entreprises de guerre; ils ont signalé le danger et le désastre du Mexique, alors que les premiers soutenaient que l'entreprise était utile et glorieuse ; ils ont constamment revendiqué pour le pays les liber-

(1) Art. 29, décret du 2 février 1852.

tés politiques, dont les premiers voulaient res-
treindre la mesure ; ils ont veillé sans relâche
à ce qu'aucune faute n'ait pu être commise
sans que le pouvoir et le pays aient été à
même d'en connaître. Ceux-ci sont les hommes
de la minorité.

Entre la majorité et la minorité il vous sera
facile de discerner quels sont les véritables défenseurs de vos intérêts et de vos droits. Choi-
sissez donc.

4°

Enfin vous verrez devant vous apparaître des
candidats nouveaux, libres de tout patronage
officiel, libres de fonctions publiques, libres
d'antécédents dans les anciennes assemblées de
l'Empire.

Ces derniers, vous avez tout à les connaître.

Mais quels qu'ils soient, au jour de l'élection vous devez avant tout savoir ce qu'ils pensent, vous devez tous les interroger sur leurs
opinions, sur l'attitude qu'ils entendent prendre

pendant la session prochaine, et vous ne devez
pas en élire un seul sans savoir s'il est l'expression directe de vos propres opinions et de votre
propre volonté.

L'interrogatoire du candidat.

Pour cela les moyens ne vous manquent
pas.

1° D'abord, vous pouvez connaître la pro-
fession de foi qui d'ordinaire est publiée par
le candidat lui-même dans les journaux ou au
moyen des affiches.

2° Vous pouvez, en outre, provoquer dans la
presse des questions et des explications que
les journaux favorisent toujours.

3° Enfin, par-dessus tout, vous pouvez user
du droit de réunion qui vous est ouvert par la
loi du 6 juin 1868. (1)

En vertu de cette loi, votre devoir est de vous

(1) Voir aux Annexes.

réunir et de vous entendre pour convoquer des assemblées électorales, pendant la période de temps indiquée par la loi; vous pouvez et vous devez appeler les candidats à se faire connaître et à comparaître devant vous pour répondre de leurs actes et de leurs opinions.

C'est la meilleure épreuve, ne l'oubliez pas. — La parole, c'est l'homme même. Et vous ne jugerez jamais mieux un candidat qu'en le voyant en face de vos questions.

Il importe donc de tracer dès à présent un programme de questions qui puissent être proposées aux candidats, de telle façon qu'ils soient tenus d'y répondre, soit par la voie des journaux, soit dans les assemblées électorales.

*
* *

Voici comment peuvent se formuler d'une manière générale les points soulevés par la politique du Gouvernement et par les besoins et les intérêts de la situation actuelle :

Demander au candidat :

1° Ce qu'il pense du budget des dépenses de l'État, et s'il est résolu à en obtenir la réduction.

2° Ce qu'il pense des emprunts contractés, et s'il en votera de nouveaux.

3° Ce qu'il pense de la loi militaire, et s'il votera une diminution du contingent.

4° Ce qu'il pense des entreprises de guerre, et notamment de la guerre du Mexique.

5° Ce qu'il pense d'une guerre qui serait entreprise en Europe dans des vues de conquête, et s'il voterait les emprunts et les crédits nécessaires.

6° S'il demandera des réductions de dépenses sur les budgets de la guerre.

7° S'il proposera des augmentations de crédit en faveur de l'instruction publique, en faveur des chemins vicinaux, des travaux publics utiles à l'agriculture, en un mot pour les travaux de la paix.

8° S'il votera de nouvelles lois de dotation et apanages des princes.

9° Quels sont les impôts dont il entend proposer le dégrèvement.

10° Enfin, dans le cas où le Gouvernement refuserait les réductions et modifications proposées par le Corps législatif, demander au candidat s'il votera ou s'il rejettera la loi du budget.

Il faut que le candidat réponde à ces questions.

C'est par la nature de ses réponses que vous devez déterminer votre choix ; et c'est au nom de la parole publiquement donnée que le député au Corps législatif devra faire prévaloir la volonté du suffrage universel.

Il ne reste plus qu'à vous faire envisager maintenant les conséquences rigoureuses du vote.

§ II

Les Conséquences du vote.

Les conséquences du vote seront directes et immédiates.

Ou bien les députés favorables à la politique du Gouvernement seront élus en majorité.

Et alors toutes choses resteront en l'état et suivront les mêmes errements que dans les années précédentes, où la majorité du Corps législatif a presque constamment appuyé les actes et les propositions du pouvoir. Par conséquent, pendant six années encore vous devez tout attendre de l'initiative et de la volonté de l'Empereur.

Ou bien la majorité sera en opposition avec le pouvoir.

Et alors vous devez tout attendre de l'initiative de vos représentants et de votre propre énergie.

Mais il faut que vous sachiez jusqu'où peut aller cette opposition.

***

Vous n'avez pas oublié que le Corps législatif n'a d'autre fonction que de discuter et voter les lois qui lui sont proposées. Vous n'avez pas oublié non plus que, parmi ces lois, il s'en trouve deux qui *doivent être votées tous les ans* et qui *ne peuvent être exécutées qu'après le vote du Corps législatif;* ce sont : la loi du budget (l'impôt) et la loi du contingent militaire.

« *Le Corps législatif vote la loi et l'impôt* », dit la Constitution (art. 33).

Or, sur la présentation de ces lois, le Corps législatif a le droit de proposer des modifications. Vos mandataires, vos représentants

pourront donc proposer la réduction des dépenses et la réduction du contingent. Là est
leur toute-puissance, et par là seulement votre
volonté peut se faire jour, et obtenir force
d'exécution.

Il arrivera de deux choses l'une :

Si le gouvernement de l'Empereur accepte
les réductions et les modifications proposées
par le Corps législatif, c'est votre volonté qui
l'emporte.

Si au contraire le Gouvernement refuse les
réductions ou les modifications, à ce moment
le Corps législatif est en droit de *rejeter la loi*.

Le rejet de la loi, c'est le refus de l'impôt
par les représentants du peuple.

En présence de ce refus, l'Empereur peut
d'urgence, et à titre provisoire seulement, faire
voter l'impôt et le contingent par son Sénat.

Dans ce cas, ce n'est plus le peuple, ce ne
sont plus ses mandataires qui votent l'impôt
et les lois, conformément à la Constitution;

c'est le pouvoir qui les décrète de sa pleine autorité.

L'Empereur peut, en outre, prononcer la dissolution du Corps législatif qui lui fait obstacle, *mais à la condition d'en convoquer un nouveau dans les six mois* (1).

Supposez donc que vous, électeurs, vous persistiez dans votre volonté, et que le Corps législatif, en votre nom, fasse la même résistance ; supposez qu'une seconde fois le Gouvernement se passe du vote de vos représentants, et ait recours encore au vote du Sénat pour décréter l'impôt; et vous comprendrez que, dans un semblable conflit, il faut :

1° Ou que le pouvoir accepte la volonté du pays légalement exprimée et s'y conforme ;

Ou bien qu'il brise cette volonté et, au mépris du Corps législatif, au mépris du suffrage universel, qu'il décrète l'impôt suivant le seul arbitraire du Sénat.

2° De votre part, il faut ou que vous refusiez l'arbitraire du pouvoir,

(1) Art. 46 de la Constitution de 1852.

Ou que vous brisiez vous-même votre droit d'électeur, votre droit de suffrage, votre droit de n'obéir qu'à la loi que vous avez consentie.

Il n'y a pas d'autre alternative.

CONCLUSION.

Toute la question est donc entre l'initiative
de la volonté de l'Empereur et l'initiative de la
volonté du peuple se manifestant, au jour de
l'élection, par la force du SUFFRAGE UNIVERSEL.

Laquelle des deux doit l'emporter ? Laquelle
des deux doit être souveraine? Légalement,
c'est la vôtre. C'EST VOUS QUI PAYEZ, DONC C'EST
VOUS QUI ÊTES LES MAITRES.

Si votre volonté est énergique, elle est toute-
puissante; vous devenez maîtres de l'impôt,
maîtres des dépenses de l'État; vous devenez
les arbitres de la paix et de la guerre; vous êtes

seuls maîtres de vos biens, de vos familles, de vos vies et de votre liberté ; vous êtes les maîtres de la LOI.

Si, au contraire, votre volonté est molle et vacillante, si elle cède à la crainte, aux influences ou aux menaces, le pouvoir reste seul arbitre de vos destinées.

Et dès lors vous n'êtes plus un peuple de citoyens qui pensent et agissent avec la conscience de leur droit ; vous n'êtes plus un peuple qui se gouverne, vous êtes un peuple que l'on mène ; vous n'êtes plus des hommes libres, vous êtes des hommes qui veulent un maître.

Vous tombez dans le despotisme, et l'œuvre de la Révolution reste toute à recommencer.

ANNEXES

CONSTITUTION.

Les dispositions en italiques ne sont plus en vigueur; elles sont remplacées par celles qui sont entre deux guillemets.

Constitution faite en vertu des pouvoirs délégués par le peuple français à Louis-Napoléon Bonaparte par le vote des 20 et 21 décembre 1851.

14 janvier 1852.

TITRE PREMIER

ART. 1er.

La Constitution reconnaît, confirme et garantit les grands principes proclamés en 1789, et qui sont la base du droit public des Français.

TITRE II

Forme du Gouvernement de la République « et du Gouvernement impérial ».

ART. 2.

Le Gouvernement de la République Française est confié pour dix ans au prince Louis-Napoléon Bonaparte, *Président actuel de la République.*

Art. 1er du Sénatus-Consulte du 7 novembre 1852.

« La dignité impériale est rétablie.

« Louis-Napoléon Bonaparte est Empereur des Français, sous le nom de Napoléon III. »

ART. 3.

Le Président de la République « l'Empereur » gouverne au moyen des Ministres, du Conseil d'État, du Sénat et du Corps législatif.

ART. 4.

La puissance législative s'exerce collectivement par le *Président de la République* « l'Empereur », le Sénat et le Corps législatif.

TITRE III

Du Président de la République
« et de l'Empereur ».

ART. 5.

Le Président de la République « l'Empereur » est responsable devant le Peuple français, auquel il a toujours le droit de faire appel.

ART. 6.

Le Président de la République « l'Empereur » est le chef de l'État; il commande les forces de terre et de mer, déclare la guerre, fait les traités de paix, d'alliance et de *commerce* (1), nomme à tous les emplois, fait les règlements et décrets nécessaires pour l'exécution des lois.

ART. 7.

La justice se rend en son nom.

ART. 8.

Il a seul l'initiative des lois.

ART. 9.

Il a le droit de faire grâce.

Art. Iᵉʳ du Sénatus-Consulte du 25 décembre 1852.

« L'Empereur a le droit de faire grâce et d'accorder des amnisties. »

ART. 10.

Il sanctionne et promulgue les lois et les sénatus-consultes.

ART. 11.

Il présente tous les ans au Sénat et au Corps législatif, par un message, l'état des affaires de la République (2).

ART. 12.

Il a le droit de déclarer l'état de siége dans un

(1) Les traités de commerce faits en vertu de l'article 6 de la Constitution ont force de loi pour les modifications de tarifs qui y sont stipulées. (Sénatus-Consulte du 25 décembre 1852.)

(2) Ce message est remplacé par le discours de l'Empereur à l'ouverture de la session et par la distribution de deux livres contenant :

L'un, l'exposé de la situation de l'Empire;

L'autre, les documents diplomatiques.

ou plusieurs départements, sauf à en référer au Sénat dans le plus bref délai.

Les conséquences de l'état de siége sont réglées par la loi.

ART. 13.

Les Ministres ne dépendent que du chef de l'État; ils ne sont responsables que chacun en ce qui le concerne des actes du Gouvernement; il n'y a point de solidarité entre eux. Ils ne peuvent être mis en accusation que par le Sénat.

ART. 14.

Les Ministres, les Membres du Sénat, du Corps législatif et du Conseil d'État, les officiers de terre et de mer, les magistrats et les fonctionnaires publics, prêtent le serment ainsi conçu :

« Je jure obéissance à la Constitution et fidélité au Président. »

Art. 16 du Sénatus Consulte du 25 décembre 1852.

« Je jure obéissance à la Constitution et fidélité à l'Empereur. »

ART. 15.

Un sénatus-consulte fixe la somme allouée annuellement au Président de la République pour toute la durée de ses fonctions.

Art. 9 du Sénatus-Consulte du 25 décembre 1852.

« La dotation de la Couronne et la Liste civile

de l'Empereur sont réglées, pour la durée de chaque règne, par un sénatus-consulte spécial. »

ART. 16.

Si le Président de la République meurt avant l'expiration de son mandat, le Sénat convoque la Nation pour procéder à une nouvelle élection.

Art. 2 et 3 du Sénatus-Consulte du 7 novembre 1852.

Art. 2. — « La dignité impériale est héréditaire dans la descendance directe et légitime de Louis-Napoléon Bonaparte, de mâle en mâle, par ordre de primogéniture, et à l'exclusion perpétuelle des femmes et de leur descendance. »

Art. 3. — « Louis-Napoléon Bonaparte, s'il n'a pas d'enfant mâle, peut adopter les enfants et descendants légitimes, dans la ligne masculine, des frères de l'Empereur Napoléon Ier. »

« Les formes de l'adoption sont réglées par un sénatus-consulte. »

« Si, postérieurement à l'adoption, il survient à Louis-Napoléon des enfants mâles, ses fils adoptifs ne pourront être appelés à lui succéder qu'après ses descendants légitimes. »

« L'adoption est interdite aux successeurs de Louis-Napoléon et à leur descendance. »

ART. 17.

Le chef de l'État a le droit, par un acte secret et déposé aux ar hives du Sénat, de désigner le nom du citoyen qu'il recommande, dans l'intérêt de la France, à la confiance du Peuple et à ses suffrages.

Art. 4 du Sénatus-Consulte du 7 novembre 1852.

« Louis-Napoléon Bonaparte règle, par un décret organique adressé au Sénat et déposé dans ses archives, l'ordre de succession au trône dans la famille Bonaparte, pour le cas où il ne laisserait aucun héritier direct, légitime ou adoptif. »

ART. 18.

Jusqu'à l'élection du nouveau Président de la République, le président du Sénat gouverne avec le concours des Ministres en fonctions, qui se forment en Conseil de Gouvernement et délibèrent à la majorité des voix.

Art. 5 et 6 du Sénatus-Consulte du 7 novembre 1852.

Art. 5. — « A défaut d'héritier légitime ou d'héritier adoptif de Louis-Napoléon Bonaparte et des successeurs en ligne collatérale qui prendront leur droit dans le décret organique susmentionné, un sénatus-consulte, proposé au Sénat par les Ministres formés en Conseil de Gouvernement, avec l'adjonction des présidents en exercice du Sénat, du Corps législatif et du Conseil d'État, et soumis à l'acceptation du peuple, nomme l'Empereur, et règle dans sa famille l'ordre héréditaire de mâle en mâle, à l'exclusion perpétuelle des femmes et de leur descendance.

« Jusqu'au moment où l'élection du nouvel Empereur est consommée, les affaires de l'État sont gouvernées par les Ministres en fonctions, qui se forment en Conseil de Gouvernement et délibèrent à la majorité des voix. »

Art. 6. — « Les membres de la famille de Louis-Napoléon Bonaparte appelés éventuellement à l'hérédité, et leur descendance des deux sexes, font partie de la Famille impériale. Un sénatus-consulte règle leur position. Ils ne peuvent se marier sans l'autorisation de l'Empereur. Le mariage fait sans cette autorisation emporte privation de tout droit à l'hérédité, tant pour celui qui l'a contracté que pour ses descendants.

« Néanmoins, s'il n'existe pas d'enfants de ce mariage, en cas de dissolution pour cause de décès, le prince qui l'aurait contracté recouvre ses droits à l'hérédité.

« Louis-Napoléon Bonaparte fixe les titres et la condition des autres membres de sa famille.

« L'Empereur a pleine autorité sur tous les membres de sa famille ; il règle leurs devoirs et leurs obligations par des statuts qui ont force de loi. »

TITRE IV

Du Sénat.

ART. 19.

Le nombre des Sénateurs ne pourra excéder cent cinquante ; il est fixé, pour la première année, à quatre-vingts.

Art. 10 du Sénatus-Consulte du 25 décembre 1852.

« Le nombre de Sénateurs nommés directement par l'Empereur ne peut excéder cent cinquante (1). »

ART. 20.

Le Sénat se compose :

1° Des cardinaux, des maréchaux, des amiraux ;

2° Des citoyens que le *Président de la République* « l'Empereur » juge convenable d'élever à la dignité de Sénateur.

Art. 7 du Sénatus-Consulte du 25 décembre 1855.

« Les Princes français sont membres du Sénat et du Conseil d'État, quand ils ont atteint l'âge de dix-huit ans accomplis.

(1) Sont sénateurs de droit, en dehors des 150 :
Les princes français membres de la famille impériale,
Les cardinaux,
Les maréchaux,
Les amiraux.

« Ils ne peuvent y siéger qu'avec l'agrément de l'Empereur. »

ART. 21.

Les Sénateurs sont inamovibles et à vie.

ART. 22.

Les fonctions de Sénateur sont gratuites ; néanmoins, le Président de la République pourra accorder à des Sénateurs, en raison de services rendus et de leur position de fortune, une dotation personnelle, qui ne pourra excéder trente mille francs par an.

Art. 11 du Sénatus-Consulte du 25 décembre 1852.

« Une dotation annuelle et viagère de trente mille francs est affectée à la dignité de Sénateur. »

ART. 23.

Le président et les vice-présidents du Sénat sont nommés par le *Président de la République* « l'Empereur » et choisis parmi les Sénateurs.

Ils sont nommés pour un an.

Le traitement du président du Sénat est fixé par un décret.

ART. 24.

Le Président de la République « l'Empereur » convoque et proroge le Sénat. Il fixe la durée de ses sessions par un décret.

Les séances du Sénat ne sont pas publiques (1).

(1) Les séances du Sénat continuent à n'être pas publiques ; mais il en est rendu compte par la voie de la presse.—Voyez le Sénatus-Consulte du 2 février 1861.

ART. 25.

Le Sénat est le gardien du pacte fondamental et des libertés publiques. Aucune loi ne peut être promulguée avant de lui avoir été soumise.

ART. 26.

Le Sénat s'oppose à la promulgation :

1° Des lois qui seraient contraires ou qui porteraient atteinte à la Constitution, à la religion, à la morale, à la liberté des cultes, à la liberté individuelle, à l'égalité des citoyens devant la loi, à l'inviolabilité de la propriété et au principe de l'inamovibilité de la magistrature ;

2° De celles qui pourraient compromettre la défense du territoire.

Sénatus-Consulte du 14 mars 1867.

« Le Sénat (1) peut, en outre, avant de se prononcer sur la promulgation d'une loi, décider par une résolution motivée que cette loi sera soumise à une nouvelle délibération du Corps législatif.

« Cette nouvelle délibération n'aura lieu que dans une session suivante, à moins que le Sénat n'ait reconnu qu'il y a urgence.

« Lorsque, dans une seconde délibération, le Corps législatif a adopté la loi sans changement,

---

(1) Les trois derniers paragraphes ont été ajoutés à l'article 26 de la Constitution par le Sénatus-Consulte du 14 mars 1867.

le Sénat, saisi de nouveau, délibère uniquement sur la question de savoir s'il s'oppose ou non à la promulgation de la loi, conformément aux n°ˢ 1 et 2 du présent article. »

ART. 27.

Le Sénat règle par un Sénatus-Consulte :

1° La Constitution des colonies et de l'Algérie;

2° Tout ce qui n'a pas été prévu par la Constitution et qui est nécessaire à sa marche;

3° Le sens des articles de la Constitution qui donnent lieu à différentes interprétations.

Art. 9 du Sénatus-Consulte du 25 décembre 1852.

« La dotation de la Couronne et la liste civile de l'Empereur sont réglées, pour la durée de chaque règne, par un Sénatus-Consulte spécial. »

Art. 8 du Sénatus-Consulte du 12 décembre 1852.

« L'échange de biens composant la dotation de la Couronne ne peut être autorisé que par un Sénatus-Consulte. »

ART. 28.

Ces Sénatus-Consultes seront soumis à la sanction du *Président de la République* « de l'Empereur » et promulgués par lui.

ART. 29.

Le Sénat maintient ou annule tous les actes qui lui sont déférés comme inconstitutionnels par le

Gouvernement, ou dénoncés, pour la même cause, par les pétitions des citoyens.

ART. 30.

Le Sénat peut, dans un rapport adressé au *Président de la République* « à l'Empereur », poser les bases des projets de lois d'un grand intérêt national.

ART. 31.

Il peut également proposer des modifications à la Constitution. Si la proposition est adoptée par le pouvoir exécutif, il y est statué par un Sénatus-Consulte.

ART. 32.

Néanmoins, sera soumise au suffrage universel toute modification aux bases fondamentales de la Constitution, telles qu'elles ont été posées dans la proclamation du 2 décembre et adoptées par le Peuple français (1).

______

(1) Les bases posées dans la proclamation du 2 décembre sont :

1º Un chef responsable nommé pour dix ans ;

2º Des ministres dépendant du pouvoir exécutif seul ;

3º Un Conseil d'Etat formé des hommes les plus distingués, préparant les lois et en soutenant la discussion devant le Corps législatif.

4º Un Corps législatif, discutant et votant les lois, nommé par e suffrage universel, sans scrutin de liste qui fausse l'élection ;

5º Une seconde assemblée formée de toutes les illustrations du pays, pouvoir pondérateur, gardien du pacte fondamental et des libertés publiques.

ART. 33.

En cas de dissolution du Corps législatif, et jusqu'à une nouvelle convocation, le Sénat, sur la proposition du *Président de la République* « de l'Empereur », pourvoit, par des mesures d'urgence, à tout ce qui est nécessaire à la marche du Gouvernement.

TITRE V

Du Corps législatif.

ART. 34.

L'élection a pour base la population.

ART. 35.

Il y aura un Député au Corps législatif à raison de trente-cinq mille électeurs.

Art. 1 et 2 du Sénatus-Consulte du 27 mai 1857.

Art. 1er. — « Il y aura un Député au Corps législatif à raison de 35,000 électeurs; néanmoins, il est attribué un Député de plus à chacun des départements dans lesquels le nombre excédant des électeurs dépasse 17,500. »

Art. 2. — « Un décret impérial réglera le tableau des Députés à élire dans chaque département, en conformité du présent sénatus-consulte. »

ART. 36.

Les Députés sont élus par le suffrage universel, sans scrutin de liste.

ART. 37.

Ils ne reçoivent aucun traitement.

Art. 14 du Sénatus-Consulte du 25 décembre 1852.

Les Députés au Corps législatif reçoivent une indemnité, qui est fixée à 2,500 francs par mois- pendant la durée de chaque session ordinaire ou extraordinaire.

Art. 4 du Sénatus-Consulte du 18 juillet 1866.

« L'indemnité attribuée aux Députés au Corps législatif est fixée à douze mille cinq cents francs pour chaque session ordinaire, quelle qu'en soit la durée.

« En cas de session extraordinaire, l'indemnité continue à être réglée conformément à l'article 14 du sénatus-consulte du 25 décembre 1852. »

ART. 38.

Ils sont nommés pour six ans.

ART. 39.

Le Corps législatif discute et vote les projets de lois et d'impôts.

ART. 40.

Tout amendement adopté par la commission chargée d'examiner un projet de loi sera renvoyé, sans discus-

sion, au Conseil d'État par le Président du Corps légis-
latif. Si l'amendement n'est pas adopté par le Conseil
d'État, il ne pourra être soumis à la délibération du
Corps législatif.

Art. 3 du Sénatus-Consulte du 18 juillet 1866.

« Les amendements adoptés par la commission chargée d'examiner un projet de loi sont renvoyés au Conseil d'État par le président du Corps législatif.

« Les amendements non adoptés par la commission ou par le Conseil d'État peuvent être pris en considération par le Corps législatif et renvoyés à un nouvel examen de la commission.

« Si la commission ne propose pas de rédaction nouvelle, ou si celle qu'elle propose n'est pas adoptée par le Conseil d'État, le texte primitif du projet est seul mis en délibération. »

ART. 41.

Les sessions ordinaires du Corps législatif durent trois mois; ses séances sont publiques, mais la demande de cinq membres suffit pour qu'il se forme en comité secret.

Art. 4 du Sénatus Consulte du 18 juillet 1866.

« La disposition de l'article 41 de la Constitution du 14 janvier 1852 qui limite à trois mois la durée des sessions ordinaires du Corps législatif, est abrogée. Un décret de l'Empereur prononce la clôture de la session. »

ART. 42.

Le compte rendu des séances du Corps législatif par les journaux ou tout autre moyen de publication ne consistera que dans la reproduction du procès-verbal dressé, à l'issue de chaque séance, par les soins du président du Corps législatif.

Art. 13 du Sénatus-Consulte du 25 décembre 1852.

Le compte rendu prescrit par l'article 42 de la Constitution est soumis, avant sa publication, à une commission composée du Président du Corps législatif et des présidents de chaque bureau.

En cas de partage d'opinions, la voix du Président du Corps législatif est prépondérante.

« Le procès-verbal de la séance, lu à l'Assemblée, constate seulement les opérations et les votes du Corps législatif.

Article unique du Sénatus-Consulte du 2 février 1861.

« Les débats des séances du Sénat et du Corps législatif sont reproduits par la sténographie et insérés *in extenso* dans le journal officiel du lendemain.

« En outre, les comptes rendus de ces séances, rédigés par des secrétaires-rédacteurs placés sous l'autorité du président de chaque Assemblée, sont mis chaque soir à la disposition de tous les journaux.

« Le compte rendu des séances du Sénat et du Corps législatif par les journaux ou tout autre moyen de publication ne consistera que dans la reproduction des débats insérés *in extenso* dans le journal officiel, ou du compte rendu rédigé sous l'autorité du Président, conformément aux paragraphes précédents.

« Néanmoins, lorsque plusieurs projets ou pétitions auront été discutés dans une séance, il sera permis de ne reproduire que les débats relatifs à un seul de ces projets ou à une seule de ces pétitions. Dans ce cas, si la discussion se prolonge pendant plusieurs séances, la publication devra être continuée jusques au vote et y compris le vote.

« Le Sénat, sur la demande de cinq membres, pourra décider qu'il se forme en comité secret.

« L'article 13 du sénatus-consulte du 25 décembre 1852 est abrogé en ce qu'il a de contraire au présent sénatus-consulte. »

ART. 43.

Le président et les vice-présidents du Corps législatif sont nommés par le *Président de la République* « l'Empereur » pour un an; ils sont choisis parmi les députés.

Le traitement du président du Corps législatif est fixé par un décret.

ART. 44.

Les Ministres ne peuvent être membres du Corps législatif.

ART. 45.

Le droit de pétition s'exerce auprès du Sénat. Aucune pétition ne peut être adressée au Corps législatif.

Art. Ier, § 2, du Sénatus-Consulte du 18 juillet 1866.

Une pétition ayant pour objet une modification quelconque ou une interprétation de la Constitution ne peut être rapportée en séance générale que si l'examen en a été autorisé par trois au moins des cinq bureaux du Sénat.

ART. 46.

Le Président de la République « l'Empereur » convoque, ajourne, proroge et dissout le Corps législatif. En cas de dissolution, le *Président de la République* « l'Empereur » doit en convoquer un nouveau dans le délai de six mois. »

TITRE VI

Du Conseil d'État.

ART. 47.

Le nombre des Conseillers d'État en service ordinaire est de quarante à cinquante.

ART. 48.

Les Conseillers d'État sont nommés par *le Président de la République* « l'Empereur » et révocables par lui.

ART. 49.

Le Conseil d'État est présidé par *le Président de la République* « l'Empereur », et, en son absence, par la personne qu'il désigne comme vice-président du Conseil d'État (1).

ART. 50.

Le Conseil d'État est chargé, sous la direction du *Président de la République* « de l'Empereur », de rédiger les projets de lois et les règlements d'administration publique, et de résoudre les difficultés qui s'élèvent en matière d'administration.

ART. 51.

Il soutient, au nom du Gouvernement, la dis-

(1) En vertu du décret du 30 septembre 1852, le vice-président du Conseil d'État a pris le titre de président du Conseil d'État, puis, en vertu du décret impérial du 28 septembre 1864, celui de ministre présidant le Conseil d'État.

cussion des projets de lois devant le Sénat et le Corps législatif.

Les Conseillers d'État chargés de porter la parole au nom du Gouvernement sont désignés par le *Président de la République* « l'Empereur ».

ART. 52.

Le traitement de chaque Conseiller d'État est de vingt-cinq mille francs.

ART. 53.

Les Ministres ont rang, séance et voix délibérative au Conseil d'État.

TITRE VII

De la Haute Cour de justice.

ART. 54.

Une haute Cour de justice juge, sans appel ni recours en cassation, toutes personnes qui auront été renvoyées devant elle comme prévenues de crimes, attentats ou complots contre le *Président de la République* « l'Empereur » et contre la sûreté intérieure ou extérieure de l'État.

Elle ne peut être saisie qu'en vertu d'un décret du *Président de la République* « de l'Empereur ».

ART. 55.

Un Sénatus-Consulte déterminera l'organisation de cette haute Cour.

TITRE VIII

Dispositions générales et transitoires.

ART. 56.

Les dispositions des Codes, lois et règlements existants, qui ne sont pas contraires à la présente Constitution, restent en vigueur jusqu'à ce qu'il y soit légalement dérogé.

ART. 57.

Une loi déterminera l'organisation municipale. Les maires seront nommés par le pouvoir exécutif et pourront être pris hors du conseil municipal (1).

ART. 58.

La présente Constitution sera en vigueur à dater du jour où les grands Corps de l'État qu'elle organise seront constitués.

Les décrets rendus par le *Président de la République* « l'Empereur » à partir du 2 décembre jusqu'à cette époque auront force de loi.

(1) Cette loi a été rendue à la date du 5 mai 1855.

ÉLECTIONS

DÉCRET ORGANIQUE

POUR

L'ÉLECTION DES DÉPUTÉS AU CORPS LÉGISLATIF

(2 février 1852)

TITRE Ier. — *Du Corps législatif.*

Art. 1er. Chaque département aura un député à raison de 35.000 électeurs ; néanmoins il est attribué un député de plus à chacun des départements dans lesquels le nombre excédant des électeurs s'élève à 25,000. En conséquence, le nombre total des députés au prochain Corps législatif est de 261. L'Algérie et les colonies ne nomment pas de députés au Corps législatif.

2. Chaque département est divisé, par un décret du

pouvoir exécutif, en circonscriptions électorales égales en nombre aux députés qui lui sont attribués par le tableau annexé à la présente loi. Ce tableau sera révisé tous les cinq ans. Chaque circonscription élit un seul député.

3. Le suffrage est direct et universel. Le scrutin est secret. Les électeurs se réunissent au chef-lieu de leur commune. Chaque commune peut néanmoins être divisée, par arrêté du préfet, en autant de sections que le rend nécessaire le nombre des électeurs inscrits; l'arrêté pourra fixer le siége de ces sections hors du chef-lieu de la commune.

4. Les colléges électoraux sont convoqués par un décret du pouvoir exécutif. L'intervalle entre la promulgation du décret et l'ouverture des colléges électoraux est de vingt jours au moins.

5. Les opérations électorales sont vérifiées par le Corps législatif, qui est seul juge de leur validité.

6. Nul n'est élu ni proclamé député au Corps législatif au premier tour de scrutin s'il n'a réuni : 1° la majorité absolue des suffrages exprimés; 2° un nombre égal au quart de celui des électeurs inscrits sur la totalité des listes de la circonscription électorale. Au second tour de scrutin, l'élection a lieu à la majorité relative, quel que soit le nombre des votants. Dans le cas où les candidats obtiendraient un nombre égal de suffrages, le plus âgé sera proclamé député.

7. Le député élu dans plusieurs circonscriptions électorales doit faire connaître son option au président du Corps législatif dans les dix jours qui suivront la déclaration de la validité de ces élections.

8. En cas de vacances par option, décès, démission, ou

autrement, le collége électoral qui doit pourvoir à la vacance est réuni dans le délai de six mois

9. Les députés ne pourront être recherchés, accusés ni jugés, en aucun temps, pour les opinions qu'ils auront émises dans le sein du Corps législatif.

10. Aucune contrainte par corps ne peut être exercée contre un député durant la session et pendant les six semaines qui l'auront précédée ou suivie.

11. Aucun membre du Corps législatif ne peut, pendant la durée de la session, être poursuivi ni arrêté en matière criminelle, sauf le cas de flagrant délit, qu'après que le Corps législatif a autorisé la poursuite.

Titre II. — *Des électeurs et des listes électorales.*

12. Sont électeurs, sans condition de cens, tous les Français âgés de vingt et un ans accomplis, jouissant de leurs droits civils et politiques. ·

13. La liste électorale est dressée, pour chaque commune, par le maire. Elle comprend, par ordre alphabétique : 1° tous les électeurs habitant dans la commune depuis six mois au moins ; 2° ceux qui, n'ayant pas atteint, lors de la formation de la liste, les conditions d'âge et d'habitation, doivent les acquérir avant la clôture définitive.

14. Les militaires en activité de service et les hommes retenus pour le service des ports ou de la flotte, en vertu de leur immatriculation sur les rôles de l'inscription maritime, seront portés sur les listes des communes où ils étaient domiciliés avant leur départ. Ils ne pourront voter pour les députés au Corps législatif que lorsqu'ils seront

présents, au moment de l'élection, dans la commune où ils seront inscrits.

15. Ne doivent pas être inscrits sur les listes électorales : 1º les individus privés de leurs droits civils et politiques par suite de condamnations soit à des peines afflictives ou infamantes, soit à des peines infamantes seulement ; 2º ceux auxquels les tribunaux jugeant correctionnellement ont interdit le droit de vote et d'élection, par application des lois qui autorisent cette interdiction ; 3º les condamnés pour crime à l'emprisonnement, par application de l'art. 463 du Code pénal ; 4º ceux qui ont été condamnés à trois mois de prison par application des art. 318 et 423 du Code pénal ; 5º les condamnés pour vol, escroquerie, abus de confiance, soustraction commise par les dépositaires de deniers publics, ou attentats aux mœurs prévus par les art. 330 et 334 du Code pénal, quelle que soit la durée de l'emprisonnement auquel ils ont été condamnés ; 6º les individus qui, par application de l'art. 8 de la loi du 17 mai 1819 et de l'art. 3 du décret du 11 août 1848, auront été condamnés pour outrage à la morale publique et religieuse ou aux bonnes mœurs, et pour attaque contre le principe de la propriété et les droits de la famille ; 7º les individus condamnés à plus de trois mois d'emprisonnement en vertu des art. 31, 33, 34, 35, 36, 38, 39, 40, 41, 42, 45 et 46 de la présente loi ; 8º les notaires, greffiers et officiers ministériels destitués en vertu de jugements ou décisions judiciaires ; 9º les condamnés pour vagabondage ou mendicité ; 10º ceux qui auront été condamnés à trois mois de prison au moins, par application des art. 439, 443, 444, 445, 446, 447 et 452 du Code pénal ; 11º ceux qui auront été déclarés coupables des délits prévus par les

art. 410 et 411 du Code pénal et par la loi du 21 mai 1836 portant prohibition des loteries; 12° les militaires con-damnés au boulet ou aux travaux publics; 13° les indivi-dus condamnés à l'emprisonnement par application des art. 38, 41, 43 et 45 de la loi du 21 mars 1832 sur le re-crutement de l'armée; 14° les individus condamnés à l'em-prisonnement par application de l'art. 1er de la loi du 27 mars 1851; 15° ceux qui ont été condamnés pour délit d'usure; 16° les interdits; 17° les faillis non réhabilités dont la faillite a été déclarée soit par les tribunaux fran-çais, soit par jugements rendus à l'étranger mais exécu-toires en France.

16. Les condamnés à plus d'un mois d'emprisonnement pour rébellion, outrages et violences envers les déposi-taires de l'autorité ou de la force publique, pour outrages publics envers un juré à raison de ses fonctions ou envers un témoin à raison de sa déposition, pour délits prévus par la loi sur les attroupements et la loi sur les clubs, et pour infraction à la loi sur le colportage, ne pourront pas être inscrits sur la liste électorale pendant cinq ans à dater de l'expiration de leur peine.

17. Les listes électorales qui ont servi au vote des 20 et 21 décembre 1851 sont déclarées valables jusqu'au 31 mars 1853.

18. Les listes électorales sont permanentes. Elles sont l'objet d'une révision annuelle. Un décret du pouvoir exé-cutif déterminera les règles et les formes de cette opéra-tion.

19. Lors de la révision annuelle, et dans les délais qui seront réglés par les décrets du pouvoir exécutif, tout ci-toyen omis sur la liste pourra présenter sa réclamation à

la mairie. Tout électeur inscrit sur l'une des listes de la circonscription électorale pourra réclamer la radiation ou l'inscription d'un individu omis ou indûment inscrit. Le même droit appartient aux préfets ou aux sous-préfets. Il sera ouvert dans chaque mairie un registre sur lequel les réclamations seront inscrites par ordre de date. Le maire devra donner récépissé de chaque réclamation. L'électeur dont l'inscription aura été contestée en sera averti sans frais par le maire, et pourra présenter ses observations.

20. Les réclamations seront jugées par une commission composée, à Paris, du maire et de deux adjoints; partout ailleurs, du maire et de deux membres du conseil municipal désignés par le conseil.

21. Notification de la décision sera, dans les trois jours, faite aux parties intéressées par le ministère d'un agent assermenté. Elles pourront interjeter appel dans les cinq jours de la notification.

22. L'appel sera porté devant le juge de paix du canton; il sera formé par simple déclaration au greffe. Le juge de paix statuera dans les dix jours, sans frais ni forme de procédure, et sur simple avertissement, donné trois jours à l'avance à toutes les parties intéressées. Toutefois, si la demande portée devant lui implique la solution préjudicielle d'une question d'état, il renverra préalablement les parties à se pourvoir devant les juges compétents, et fixera un bref délai dans lequel la partie qui aura élevé la question préjudicielle devra justifier de ses diligences. Il sera procédé, en ce cas, conformément aux art. 855, 856 et 858 du Code de procédure.

23. La décision du juge de paix est en dernier ressort, mais elle peut être déférée à la Cour de cassation. Le pour-

voi n'est recevable que s'il est formé dans les dix jours de la notification de la décision. Il n'est pas suspensif. Il est formé par simple requête, dénoncée aux défendeurs dans les dix jours qui suivent ; il est dispensé de l'intermédiaire d'un avocat à la Cour, et jugé d'urgence, sans frais ni consignation d'amende. Les pièces et mémoires fournis par les parties sont transmis, sans frais, par le caissier de la justice de paix au greffier de la Cour de cassation. La chambre des requêtes de la Cour de cassation statue définitivement sur le pourvoi.

24. Tous les actes judiciaires sont, en matière électorale, dispensés du timbre et enregistrés gratis. Les extraits des actes de naissance nécessaires pour établir l'âge des électeurs sont délivrés gratuitement, sur papier libre, à tout réclamant. Ils portent en tête de leur texte l'énonciation de leur destination spéciale et ne peuvent servir à aucune autre.

25. L'élection est faite sur la liste révisée pendant toute l'année qui suit la clôture de la liste.

Titre III. — *Des éligibles.*

26. Sont éligibles, sans conditions de domicile, tous les électeurs âgés de vingt-cinq ans.

27. Sont déclarés indignes d'être élus les individus désignés aux articles 15 et 16 de la présente loi.

28. Sera déchu de la qualité de membre du Corps législatif tout député qui, pendant la durée de son mandat, aura été frappé d'une condamnation emportant, aux termes de l'article précédent, la privation du droit d'être élu. La dé-

chéance sera prononcée par le Corps législatif sur le vu des pièces justificatives.

29. Toute fonction publique rétribuée est incompatible avec le mandat de député au Corps législatif. Tout fonctionnaire rétribué, élu député au Corps législatif, sera réputé démissionnaire de ses fonctions par le seul fait de son admission comme membre du Corps législatif, s'il n'a pas opté avant la vérification de ses pouvoirs. Tout député au Corps législatif est réputé démissionnaire par le seul fait de l'acceptation de fonctions publiques salariées.

30. Ne pourront être élus dans tout ou partie de leur ressort, pendant les six mois qui suivraient leur destitution, leur démission ou tout autre changement de leur position, les fonctionnaires publics ci-après indiqués : les premiers présidents, les procureurs généraux ; les présidents des tribunaux civils et les procureurs de la République ; le commandant supérieur des gardes nationales de la Seine ; le préfet de police, les préfets et sous-préfets ; les archevêques, évêques et vicaires généraux ; les officiers généraux commandant les divisions et subdivisions militaires ; les préfets maritimes.

Titre IV. — *Dispositions pénales.*

31. Toute personne qui se sera fait inscrire sur la liste électorale sous de faux noms ou de fausses qualités, ou aura, en se faisant inscrire, dissimulé une incapacité prévue par la loi ; ou aura réclamé et obtenu une inscription sur deux ou plusieurs listes, sera punie d'un emprisonnement d'un mois à un an et d'une amende de cent à mille francs.

32. Celui qui, déchu du droit de voter, soit par suite d'une condamnation judiciaire, soit par suite d'une faillite non suivie de réhabilitation, aura voté, soit en vertu d'une inscription sur les listes antérieures à sa déchéance, soit en vertu d'une inscription postérieure, mais opérée sans sa participation, sera puni d'un emprisonnement de quinze jours à trois mois et d'une amende de vingt à cinq cents francs.

33. Quiconque aura voté dans une assemblée électorale soit en vertu d'une inscription obtenue dans les deux premiers cas prévus par l'art. 31, soit en prenant faussement les noms et qualités d'un électeur inscrit, sera puni d'un emprisonnement de six mois à deux ans et d'une amende de deux cents francs à deux mille francs.

34. Sera puni de la même peine tout citoyen qui aura profité d'une inscription multiple pour voter plus d'une fois.

35. Quiconque étant chargé, dans un scrutin, de recevoir, compter ou dépouiller les bulletins contenant les suffrages des citoyens, aura soustrait, ajouté ou altéré des bulletins ou lu un nom autre que celui inscrit, sera puni d'un emprisonnement d'un an à cinq ans et d'une amende de cinq cents francs à cinq mille francs.

36. La même peine sera appliquée à tout individu qui, chargé par un électeur d'écrire son suffrage, aura inscrit sur le bulletin un nom autre que celui qui lui était désigné.

37. L'entrée dans l'assemblée électorale avec armes apparentes est interdite. En cas d'infraction, le contrevenant sera passible d'une amende de seize à cent francs. La peine sera d'un emprisonnement de quinze jours à trois mois et d'une amende de cinquante francs à trois cents francs si les armes étaient cachées.

38. Quiconque aura donné, promis ou reçu des deniers, effets ou valeurs quelconques, sous la condition soit de donner ou de procurer un suffrage, soit de s'abstenir de voter, sera puni d'un emprisonnement de trois mois à deux ans et d'une amende de cinq cents francs à cinq mille francs. Seront punis des mêmes peines ceux qui, sous les mêmes conditions, auront fait ou accepté l'offre ou la promesse d'emplois publics ou privés. Si le coupable est fonctionnaire public, la peine sera du double.

39. Ceux qui, soit par voies de fait, violences ou menaces contre un électeur, soit en lui faisant craindre de perdre son emploi ou d'exposer à un dommage sa personne, sa famille ou sa fortune, l'auront déterminé à s'abstenir de voter ou auront influencé son vote, seront punis d'un emprisonnement d'un mois à un an et d'une amende de cent francs à mille francs ; la peine sera du double si le coupable est un fonctionnaire public.

40. Ceux qui, à l'aide de fausses nouvelles, bruits calomnieux ou autres manœuvres frauduleuses, auront surpris ou détourné des suffrages, déterminé un ou plusieurs électeurs à s'abstenir de voter, seront punis d'un emprisonnement d'un mois à un an et d'une amende de cent francs à deux mille francs.

41. Lorsque, par attroupements, clameurs ou démonstrations menaçantes, on aura troublé les opérations d'un collége électoral, porté atteinte à l'exercice du droit électoral ou à la liberté du vote, les coupables seront punis d'un emprisonnement de trois mois à deux ans et d'une amende de cent francs à deux mille francs.

42. Toute irruption dans un collége électoral consommée ou tentée avec violence, en vue d'empêcher un choix, sera

punie d'un emprisonnement d'un an à cinq ans et d'une amende de mille francs à cinq mille francs.

43. Si les coupables étaient porteurs d'armes ou si le scrutin a été violé, la peine sera la réclusion.

44. Elle sera des travaux forcés à temps si le crime a été commis par suite d'un plan concerté pour être exécuté soit dans toute la République, soit dans un ou plusieurs départements, soit dans un ou plusieurs arrondissements.

45. Les membres d'un collége électoral qui, pendant la réunion, se seront rendus coupables d'outrages ou de violences, soit envers le Bureau, soit envers l'un de ses membres, ou qui, par voies de fait ou menaces, auront retardé ou empêché les opérations électorales, seront punis d'un emprisonnement d'un mois à un an et d'une amende de cent francs à deux mille francs. Si le scrutin a été violé, l'emprisonnement sera d'un an à cinq ans, et l'amende de mille à cinq mille francs.

46. L'enlèvement de l'urne contenant les suffrages émis et non encore dépouillés sera puni d'un emprisonnement d'un an à cinq ans et d'une amende de mille à cinq mille francs. Si cet enlèvement a été effectué en réunion et avec violence, la peine sera la réclusion.

47. La violation du scrutin faite soit par les membres du bureau, soit par les agents de l'autorité préposés à la garde des bulletins non encore dépouillés, sera punie de la réclusion.

48. Les crimes prévus par la présente loi seront jugés par la Cour d'assises, et les délits par les tribunaux correctionnels; l'art. 463 du Code pénal pourra être appliqué.

49. En cas de conviction de plusieurs crimes ou délits prévus par la présente loi et commis antérieurement au

premier acte de poursuite, la peine la plus forte sera seule appliquée.

50. L'action publique et l'action civile seront prescrites après trois mois, à partir du jour de la proclamation du résultat de l'élection.

51. La condamnation, s'il en est prononcé, ne pourra, en aucun cas, avoir pour effet d'annuler l'élection déclarée valide par les pouvoirs compétents ou dûment définitive par l'absence de toute protestation régulière formée dans les délais voulus par les lois spéciales.

52. Les lois antérieures sont abrogées en ce qu'elles ont de contraire aux dispositions de la présente loi.

TITRE V. — *Dispositions générales.*

53. Pour l'élection du Président de la République, une loi spéciale réglera le mode de votation de l'armée.

54. Un décret réglementaire, rendu en exécution des dispositions de l'art. 6 de la Constitution, fixera : 1° les formalités administratives pour la révision annuelle des listes ; 2° toutes les dispositions relatives à la composition, aux attributions et aux opérations des colléges électoraux.

DÉCRET RÉGLEMENTAIRE

POUR

L'ÉLECTION AU CORPS LÉGISLATIF

(2 février 1852)

Titre Ier. — *Révision annuelle des listes électorales.*

Art. 1er. La révision annuelle des listes électorales s'o-père conformément aux règles qui suivent : Du 1er au 10 janvier de chaque année le maire de chaque commune ajoute à la liste des citoyens qu'il reconnaît avoir acquis les qualités exigées par la loi, ceux qui acquerront les conditions d'âge et d'habitation avant le 1er avril et ceux qui auraient été précédemment omis. Il en retranche : 1º les individus décédés ; 2º ceux dont la radiation a été ordonnée par l'autorité compétente : 3º ceux qui ont perdu les qualités requises par la loi ; 4º ceux qu'il reconnaît avoir été indûment inscrits, quoique leur inscription n'ait point été attaquée. Il tient un registre de toutes ces décisions, et y mentionne les motifs et les pièces à l'appui.

2. Le tableau contenant les additions et retranchements faits par le maire à la liste électorale est déposé au plus tard le 15 janvier au secrétariat de la commune. Ce tableau sera communiqué à tout requérant, qui pourra le recopier et le reproduire par la voie de l'impression. Le jour même de ce dépôt, avis en sera donné par affiches aux lieux accoutumés.

3. Une copie du tableau et du procès-verbal constatant l'accomplissement des formalités prescrites par l'article précédent sera en même temps transmise au sous-préfet de l'arrondissement, qui l'adressera, dans les deux jours, avec ses observations, au préfet du département.

4. Si le préfet estime que les formalités et les délais prescrits par la loi n'ont pas été observés, il devra, dans les deux jours de la réception du tableau, déférer les opérations du maire au conseil de préfecture du département, qui statuera dans les trois jours, et fixera, s'il y a lieu, le délai dans lequel les opérations annulées devront être refaites.

5. Les demandes en inscription ou en radiation devront être formées dans les dix jours à compter de la publication des listes.

6. Le juge de paix donnera avis des infirmations par lui prononcées au préfet et au maire dans les trois jours de la décision.

7. Le 31 mars de chaque année, le maire opère toutes les rectifications régulièrement ordonnées, transmet au préfet le tableau de ces rectifications et arrête définitivement la liste électorale de la commune. La minute de la

liste électorale reste déposée au secrétariat de la commune; le tableau rectificatif transmis au préfet reste déposé, avec la copie de la liste électorale, au secrétariat général du département. Communication en doit toujours être donnée aux citoyens qui la demandent.

8. La liste électorale reste jusqu'au 31 mars de l'année suivante telle qu'elle a été arrêtée, sauf néanmoins les changements qui y auraient été ordonnés par décision du juge de paix, et sauf aussi la radiation des noms des électeurs décédés ou privés des droits civils et politiques par jugement ayant force de chose jugée.

TITRE II. — *Des colléges électoraux.*

9. Les colléges électoraux devront être réunis, autant que possible, un dimanche ou un jour férié.

10. Les colléges électoraux ne peuvent s'occuper que de l'élection pour laquelle ils sont réunis. Toutes délibérations leur sont interdites.

11. Le président du collége ou de la section a seul la police de l'assemblée. Nulle force armée ne peut, sans son autorisation, être placée dans la salle des séances, ni aux abords du lieu où se tient l'assemblée. Les autorités civiles et les commandants militaires sont tenus de déférer à ses réquisitions.

12. Le bureau de chaque collége ou section est composé d'un président, de quatre assesseurs et d'un secrétaire choisi par eux parmi les électeurs. Dans les délibérations du bureau, le secrétaire n'a que voix consultative.

13. Les colléges et sections sont présidés par les maires, adjoints et conseillers municipaux de la commune ; à leur défaut, les présidents sont désignés par le maire parmi les électeurs sachant lire et écrire. A Paris, les sections sont présidées, dans chaque arrondissement, par le maire, les adjoints ou les électeurs désignés par eux.

14. Les assesseurs sont pris, suivant l'ordre du tableau, parmi les conseillers municipaux sachant lire et écrire ; à leur défaut, les assesseurs sont les deux plus âgés et les deux plus jeunes électeurs présents sachant lire et écrire. A Paris, les fonctions d'assesseurs sont remplies dans chaque section par les deux plus âgés et les deux plus jeunes électeurs sachant lire et écrire.

15. Trois membres du bureau au moins doivent être présents pendant tout le cours des opérations du collége.

16. Le bureau prononce provisoirement sur les difficultés qui s'élèvent touchant les opérations du collége ou de la section. Ses décisions sont motivées. Toutes les réclamations et décisions sont inscrites au procès-verbal ; les pièces ou bulletins qui s'y rapportent y sont annexés, après avoir été parafés par le bureau.

17. Pendant toute la durée des opérations électorales, une copie officielle de la liste des électeurs, contenant les noms, domicile et qualification de chacun des inscrits, reste déposée sur la table autour de laquelle siége le bureau.

18. Tout électeur inscrit sur cette liste a le droit de prendre part au vote. Néanmoins, ce droit est suspendu pour les détenus, pour les accusés contumaces, et pour les personnes non interdites, mais retenues, en vertu de la loi du 30 juin 1838, dans un établissement public d'aliénés

19. Nul ne peut être admis à voter s'il n'est inscrit sur la liste. Toutefois, seront admis au vote, quoique non inscrits, les citoyens porteurs d'une décision du juge de paix ordonnant leur inscription, ou d'un arrêt de la Cour de cassation annulant un jugement qui aurait prononcé une radiation.

20. Nul électeur ne peut entrer dans le collége électoral s'il est porteur d'armes quelconques.

21. Les électeurs sont appelés successivement par ordre alphabétique. Ils apportent leur bulletin préparé en dehors de l'assemblée. Le papier du bulletin doit être blanc et sans signes extérieurs.

22. A l'appel de son nom, l'électeur remet au président son bulletin fermé. Le président le dépose dans la boîte du scrutin, laquelle doit, avant le commencement du vote, avoir été fermée à deux serrures, dont les clefs restent, l'une entre les mains du président, l'autre entre celles du scrutateur le plus âgé.

23. Le vote de chaque électeur est constaté par la signature ou le parafe de l'un des membres du bureau apposé sur la liste en marge du nom du votant.

24. L'appel étant terminé, il est procédé au réappel de tous ceux qui n'ont pas voté.

25. Le scrutin reste ouvert pendant deux jours : le premier jour, depuis huit heures du matin jusqu'à six heures du soir ; et le second jour, depuis huit heures du matin jusqu'à quatre heures du soir.

26. Les boîtes du scrutin sont scellées et déposées pendant la nuit au secrétariat ou dans la salle de la mairie. Les scellés sont également apposés sur les ouvertures de la salle où les boîtes ont été déposées.

27. Après la clôture du scrutin, il est procédé au dépouillement de la manière suivante : La boîte du scrutin
est ouverte et le nombre des bulletins vérifié. Si ce nombre
est plus grand ou moindre que celui des votants, il en est
fait mention au procès-verbal. Le bureau désigne parmi
les électeurs présents un certain nombre de scrutateurs
sachant lire et écrire, lesquels se divisent par tables de
quatre au moins. Le président répartit entre les diverses
tables les bulletins à vérifier. A chaque table, l'un des
scrutateurs lit chaque bulletin à haute voix et le passe à
un autre scrutateur; les noms portés sur les bulletins
sont relevés sur des listes préparées à cet effet.

28. Le président et les membres du bureau surveillent
l'opération du dépouillement. Néanmoins, dans les colléges
ou sections où il se sera présenté moins de trois cents votants, le bureau pourra procéder lui-même, et sans l'intervention de scrutateurs supplémentaires, au dépouillement
du scrutin.

29. Les tables sur lesquelles s'opère le dépouillement
du scrutin sont disposées de telle sorte que les électeurs
puissent circuler alentour.

30. Les bulletins blancs, ceux ne contenant pas une dé-
signation suffisante ou dans lesquels les votants se font
connaître, n'entrent point en compte dans le résultat du
dépouillement; mais ils sont annexés au procès-verbal.

31. Immédiatement après le dépouillement, le résultat
du scrutin est rendu public, et les bulletins autres que ceux
qui, conformément aux art. 16 et 30, doivent être annexés
au procès-verbal, sont brûlés en présence des électeurs.

32. Pour les colléges divisés en plusieurs sections, le
dépouillement du scrutin se fait dans chaque section. Le

résultat est immédiatement arrêté et signé par le bureau ;
il est ensuite porté par le président au bureau de la première section, qui, en présence des présidents des autres
sections, opère le recensement général des votes et en
proclame le résultat.

33. Les procès-verbaux des opérations électorales de
chaque commune sont rédigés en double. L'un de ces
doubles reste déposé au secrétariat de la mairie; l'autre
double est transmis au sous-préfet de l'arrondissement, qui
le fait parvenir au préfet du département.

34. Le recensement général des votes, pour chaque circonscription électorale, se fait au chef-lieu du département, en séance publique. Il est opéré par une commission
composée de trois membres du conseil général. A Paris, le
recensement est fait par une commission de cinq membres
du conseil général désignés par le préfet de la Seine. Cette
opération est constatée par un procès-verbal.

35. Le recensement général des votes étant terminé,
le président de la commission en fait connaître le résultat.
Il proclame député au Corps législatif celui des candidats
qui a satisfait aux deux conditions exigées par l'art. 6 du
décret organique.

36. Si aucun des candidats n'a obtenu la majorité absolue des suffrages et le vote en sa faveur du quart au moins
des électeurs inscrits, l'élection est continuée au deuxième
dimanche qui suit le jour de la proclamation du résultat
du scrutin.

37. Aussitôt après la proclamation du résultat des opérations électorales, les procès-verbaux et les pièces y an-
nexées sont transmis, par les soins des préfets et l'intermédiaire du ministre de l'intérieur, au Corps législatif.

SÉNATUS-CONSULTE

QUI EXIGE LE SERMENT DES CANDIDATS A LA DÉPUTATION

(17 février 1858)

Art. 1er. — Nul ne peut être élu député du Corps législatif si, huit jours au moins avant l'ouverture du scrutin, il n'a déposé, soit en personne, soit par un fondé de pouvoirs en forme authentique, au secrétariat de la préfecture du département dans lequel se fait l'élection, un écrit signé de lui contenant le serment formulé dans l'art. 16 du sénatus-consulte du 25 décembre 1852. L'écrit déposé ne peut, à peine de nullité, contenir que ces mots : « Je jure obéissance à la Constitution et fidélité à l'Empereur. » Il en est donné récépissé.

Art. 2. — La publication d'une candidature, la distribution et l'affichage des circulaires et des bulletins électoraux pour lesquels le dépôt au parquet du procureur impérial aura été effectué, ne peuvent avoir lieu qu'après que le candidat s'est conformé aux dispositions de l'article précédent. Toute publication, distribution, ou tout affichage antérieurs, seront punis des peines portées par l'article 6 de la loi du 27 juillet 1849.

Art. 3. — Pendant la durée des opérations électorales, un tableau certifié par le préfet et contenant les noms des candidats qui ont rempli, dans le délai voulu, la prescription de l'art. 1ᵉʳ du présent sénatus-consulte, est déposé sur le bureau.

Art. 4. — Les bulletins portant le nom d'un candidat qui ne se sera pas conformé aux dispositions de l'art. 1ᵉʳ du présent sénatus-consulte sont nuls et n'entrent point en compte dans le résultat du dépouillement du scrutin ; mais ils sont annexés au procès verbal.

Décret du 13 janvier 1866.

Art. 1ᵉʳ. — Le délai fixé par l'article 5 du décret réglementaire du 2 février 1852 pour les demandes en inscription ou en radiation sur les listes électorales est porté à vingt jours, à compter de la publication desdites listes.

Art. 2. — L'article précité du décret réglementaire du 2 février 1852 est rapporté.

RÉUNIONS

Loi du 6 juin 1868.

Des réunions publiques non politiques

Art. 1er. — Les réunions publiques peuvent avoir lieu sans autorisation préalable, sous les conditions prescrites par les articles suivants. Toutefois, les réunions publiques ayant pour objet de traiter de matières politiques ou religieuses continuent à être soumises à cette autorisation.

Art. 2. — Chaque réunion doit être précédée d'une déclaration signée par sept personnes domiciliées dans la commune où elle doit avoir lieu et jouissant de leurs droits civils et politiques.

Cette déclaration indique les noms, qualités et domiciles des déclarants, le local, le jour et l'heure de la séance, ainsi que l'objet spécial et déterminé de la réunion.

Elle est remise, à Paris, au préfet de police ; dans les départements, au préfet ou au sous-préfet.

Il en est donné immédiatement un récépissé, qui doit être représenté à toute réquisition des agents de l'autorité.

La réunion ne peut avoir lieu que trois jours francs après la délivrance du récépissé.

Art. 3. — Une réunion ne peut être tenue que dans un local clos et couvert ; elle ne peut se prolonger au delà de l'heure fixée par l'autorité compétente pour la fermeture des lieux publics.

Art. 4. — Chaque réunion doit avoir un bureau composé d'un président et de deux assesseurs au moins, qui ont chargés de maintenir l'ordre dans l'assemblée et d'empêcher toute infraction aux lois.

Les membres du bureau ne doivent tolérer la discussion d'aucune question étrangère à l'objet de la réunion.

Art. 5. — Un fonctionnaire de l'ordre judiciaire ou administratif, délégué par l'administration, peut assister à la séance.

Il doit être revêtu de ses insignes et prend une place à son choix.

Art. 6. — Le fonctionnaire qui assiste à la réunion a le droit d'en prononcer la dissolution : 1° si le bureau, bien qu'averti, laisse mettre en discussion des questions étrangères à l'objet de la réunion; 2° si la réunion devient tumultueuse.

Les personnes réunies sont tenues de se séparer à la première réquisition.

Le délégué dresse procès-verbal des faits et le transmet à l'autorité compétente.

Art. 7. — Il n'est pas dérogé par les articles 5 et 6 aux droits qui appartiennent aux maires en vertu des lois existantes.

Des réunions publiques électorales.

Art. 8. — Des réunions électorales peuvent être tenues à partir de la promulgation du décret de convocation d'un collége pour l'élection d'un député au Corps législatif, jusqu'au cinquième jour avant celui fixé pour l'ouverture du scrutin.

Ne peuvent assister à cette réunion que les électeurs de la circonscription électorale et les candidats qui ont rempli les formalités prescrites par l'art. 1er du sénatus-consulte du 17 février 1858.

Ils doivent, pour y être admis, faire connaître leurs noms, qualité et domicile.

La réunion ne peut avoir lieu qu'un jour franc après la délivrance du récépissé qui doit suivre immédiatement la déclaration.

Toutes les autres prescriptions des art. 2, 3, 4, 5 et 6, sont applicables aux réunions électorales.

Dispositions générales.

Art. 9. — Toute infraction aux prescriptions des art. 2, 3 et 4, et des §§ 1, 2 et 4 de l'art. 8, constitue une contravention punie d'une amende de 100 fr. à 3,000 fr. et d'un emprisonnement de six jours à six mois.

Sont passibles de ces peines :

1° Ceux qui ont fait une déclaration ne remplissant pas les conditions prescrites par l'art. 2, si cette déclaration a été suivie d'une réunion ;

2° Ceux qui ont prêté ou loué le local pour une réunion, si la déclaration n'a pas été faite, ou si le local n'est pas conforme aux prescriptions de l'art. 3 ;

3° Les membres du bureau, ou, si aucun bureau n'a été formé, les organisateurs de la réunion, en cas d'infraction aux art. 2, 3, 4, et 8, §§ 1 et 4 ;

4° Ceux qui se sont introduits dans une réunion électorale en contravention au deuxième paragraphe de l'article 8.

Sans préjudice des poursuites qui peuvent être exercées pour tous crimes ou délits commis dans ces réunions publiques et de l'application des dispositions pénales relatives aux associations ou réunions non autorisées.

Art. 10. — Tout membre du bureau ou de l'assemblée qui n'obéit pas à la réquisition faite à la réunion par le représentant de l'autorité d'avoir à se disperser est puni d'une amende de 300 fr. à 6,000 fr. et d'un emprisonnement de quinze jours à un an, sans préjudice des peines portées par le Code pénal pour résistance, désobéissance et autres manquements envers l'autorité publique.

Art. 11. — Quiconque se présente dans une réunion avec des armes apparentes ou cachées est puni d'un emprisonnement de un mois à un an et d'une amende de 300 fr. à 10,000 fr.

Art. 12. — L'article 463 du Code pénal est applicable aux délits et aux contraventions prévus par la présente loi.

Art. 13. — Le préfet de police à Paris, les préfets dans les départements, peuvent ajourner toute réunion qui leur paraît de nature à troubler l'ordre et à compromettre la sécurité publique.

L'interdiction de la réunion ne peut être prononcée que par décision du ministre de l'intérieur.

Art. 14. — Sont abrogés les lois et décrets antérieurs, en ce qu'ils ont de contraire à la présente loi.

TABLE DES MATIÈRES

FIN.

6616 — Paris imprimerie Jouaust rue Saint-Honoré, 338.

CHEZ LE MÊME ÉDITEUR :

Le Bilan de l'année 1868. — *L'Histoire, les Livres, le Théâtre, les Sciences, les Arts,* par MM. Castagnary, Grousset, Ranc et Francisque Sarcey. — 1 fort vol. in-18 de 520 pages. 5 »

Histoire du Droit de Guerre et de Paix, de 1789 à 1815, par M. Marc Dufraisse. — 2e édition, 1 fort vol. in-18. 3 50

Révolutions (les) : caractères et maximes politiques, par M. Pascal Duprat, ancien représentant. — 1 vol. in-18. 3 50

Armée (l') et la Révolution, par M. Ch.-L. Chassin. — 1 vol. in-18 . . . . 3 50

La loi militaire de 1868, *expliquée par demandes et par réponses.* **(Catéchisme des familles),** par MM. Isambert et Coffinhal-Laprade. — 12e édition. — Brochure in-32, » 40 c ; par la poste . . . . » 50

Sadowa, *les Prussiens en campagne,* par Paul de Katow. — 1 vol in-18. . . . . 2 »

Guide pratique de l'Électeur, par M. Georges Coulon, précédé d'une lettre de M. Jules Favre — 1 vol. in-18. 1 »

Manuel des réunions publiques, par MM. A. Rousselle et Limousin. — 1 vol. in-18 . . . . 1 »

Lettre électorale d'un maire de village à ses collègues. 2e édition. — Brochure in-18, » 25 c.; par la poste . . . » 30

Où nous mènent les candidats officiels, par M. Henri Merlin. — Une feuille in 4º, » 10 c.; par la poste. . . . » 15

Les Suspects en 1858, *étude historique, emprisonnements, transportations,* par MM. Eug. Ténot et Ant. Dubost. — 1 vol. in-8 . . . . 6 »

Le même, édition populaire. — 1 vol. in-18 . . . . 1 50

Paris en décembre 1851, *étude historique sur le coup d'État,* par Eug. Ténot. — 1 vol. in 8, 6e édition. . . . . 6 »

Le même, édition populaire. — 1 vol. in-18, 11e édition . . 1 50

Province (la) en décembre 1851, *étude historique sur le coup d'État,* par Eug. Ténot. — 1 vol. in-8, 8e édition . 6 »

Le même, édition populaire. — 1 vol. in-18, 9e édition . . . 1 60

Les grands procès politiques :

    Strasbourg (1836). — 3e édition. 1 vol. in-18. . 1 50
    Boulogne (1840). — 3e édition, 1 vol. in-18. . . 1 50
    Conspiration Malet (1812). — 1 vol. in-18. . . 1 50
    Louis XVI. — 1 vol. in-18 . . . . 1 50
    Le duc d'Enghien. — 1 vol. in-18 . . . . 1 50
    Gracchus Babeuf. — 1 vol. in-18. . . . . 1 50

Affaire de la souscription Baudin, en 1re instance, *seul
compte rendu complet*, recueilli par la sténographie et *revu par
les défenseurs.* — 1 vol. in-8, 3e édition. 1 50

Souscription (la) Baudin, plaidoiries de MM. Dufaure et
Weiss. — Brochure in-8°. . . . . » 75

Affaire de la souscription Baudin en appel, plaidoiries
de MM. J. Favre et Gambetta. — Brochure in-8 . . . . 1 60

Censure (la) et le régime correctionnel, par M. Édouard
Laferrière. — 2e édition. 1 vol. in-18 . . . . 2 »

Pamphlets d'un franc parleur, par Édouard Siebecker.
— 1 vol. in-18 . . . . 3 50

Impôt (l') et son emploi, *expliqué par demandes et par réponses* (**Catéchisme du contribuable**), par E. Isambert.
— 2e édition. Brochure in-32, » 40 c.; par la poste. . . . » 50

Politique du grand-livre (*aux 1,100,000 rentiers, le nouvel emprunt et la*), par M. Achille Mercier. — 3e édition. Brochure in-8 . . . . 1 »

Marée (la) montante, étude budgétaire, d'après les documents du livre bleu, par M. Achille Mercier. — 4e édition. Brochure in-8, 50 c.; par la poste . . . . » 60

Le Bilan de l'Empire, par M. Horn. — Brochure in-18,
5e édition, » 40 c ; par la poste. . . . . » 45

Crédit (le) mobilier et ses actionnaires. — Brochure
in-8. . . . . 1 »

Où en est le Crédit foncier? — Brochure in-8, » 50 c.; par
la poste. . . . . » 60

Le Paysan, ce qu'il est, ce qu'il devrait être, par
M. Ferdinand de Lasteyrie. — 1 vol. in-18. . . . . . . 1 »

Question romaine (la) devant l'histoire, 1848 à 1867;
actes officiels, documents, débats parlementaires, précédée de
France et Italie, par Edgard Quinet. — 1 vol. in-18. . 3 50

**Discours de M. Jules Favre sur la seconde expé-
dition romaine**, prononcé le 2 décembre 1867. — Brochure
in-8 . . . . 1 »

Agonie (l') de la Papauté, par M. Odysse Barot. — Brochure in-8 . . . . 1 »

Lettres d'un libre penseur à un curé de campagne, par
M. Léon Richer, précédées d'une introduction par M. Adolphe
Guéroult, député, rédacteur en chef de *l'Opinion nationale.* —
1 vol. in-18. . . . . 3 »

La France libre et armée, par le comte de Gardane. —
Brochure in-18, » 40 c.; par la poste. . . . . » 45

---

*Suite nombreuse de publications relatives aux élections
et à nos libertés.*